Comment payer moins d'impôts

Groupe Eyrolles
61, bd Saint-Germain
75240 Paris cedex 05
www.editions-eyrolles.com

Du même auteur chez le même éditeur :

TVA, mode d'emploi, 2011.

M A R I E   L A M B E R T

Comment payer moins d'impôts

Famille, placements, résidence principale, handicap, déclarations…

EYROLLES

Sommaire

Partie I
Votre foyer : les atouts de votre situation

Partie II
Votre quotidien: les carottes fiscales pour un meilleur revenu disponible

Partie III
Votre patrimoine: les bons filons

Partie IV
Petite évasion internationale pour touristes en quête de paradis fiscaux

Partie V
Contrôle et contentieux fiscal: le fisc reconnaît les siens

Annexes

Avant-propos

Notre vie est en perpétuel mouvement : couple, enfants, travail, économies, patrimoine, etc. À chaque étape, nous sommes tous concernés par l'impôt. Or, ce sujet fait fuir. Pourtant, contrairement aux idées reçues, le fisc est bienveillant envers la famille et les actes de la vie privée. N'oublions pas que les politiques ont aussi une vie privée et des impôts à payer…

Il est possible de réaliser des économies, parfois conséquentes, à tous les moments de la vie. Même si la tendance actuelle est à la réduction des avantages fiscaux, nombreux sont ceux qui subsistent. Cet ouvrage vous permet de les repérer en partant non pas d'une rubrique relative à un impôt, mais de la situation qui vous intéresse : mariage, enfants, transmission, résidence principale, etc. Vous pouvez ainsi trouver facilement les réponses à vos préoccupations et prendre vos décisions en connaissance du gain fiscal envisageable. Inutile de faire une recherche technique : suivez le guide, allez dans la tranche de vie qui vous intéresse. C'est le premier pas qui compte. Vous verrez que tirer les ficelles pour dénicher les cadeaux du fisc devient plus facile.

L'idée de cet ouvrage est de vous conduire directement aux « bons plans » vous concernant. Vous pouvez ainsi anticiper les gains fiscaux dans vos prises de décision, et les retrouver ensuite sur votre feuille d'impôts. Ce guide ne se substitue pas à une documentation fiscale détaillée, mais fastidieuse, bien qu'indispensable pour aborder le détail des textes. Il a pour intention de vous mettre sur la piste des économies possibles. Une fois les niches fiscales détectées, il devient simple de consulter les notices détaillées ou le site Internet de l'administration fiscale pour vérifier les conditions précises d'application et les mises à jour. Les règles indiquées sont celles applicables selon les textes publiés au 1er janvier 2013. Les calculs sont donnés à titre indicatif pour illustrer les comparaisons, les taux utilisés pouvant évoluer selon les nouveaux barèmes. Et pour ceux qui souhaitent aller plus loin, la plupart des références des textes fiscaux sont mentionnées.

N'oubliez pas que les impôts reposent sur des principes qui subissent des exceptions souvent liées à des détails, et que les lois et la jurisprudence évoluent. Les montages sont de plus en plus sous surveillance. La définition de l'abus de droit, qui prévoit des sanctions très élevées, est large. Elle vise en particulier les opérations recherchant l'application littérale d'un texte afin de diminuer l'impôt alors que ce n'était pas l'objectif poursuivi. L'avis d'un conseil peut s'avérer opportun dans les situations complexes, surtout si les enjeux sont importants. L'Administration peut également être sollicitée par une demande de rescrit pour vous donner une réponse personnalisée. Cela peut vous apporter une sécurité juridique appréciable à une époque où l'on a parfois l'impression que l'on nous reprend d'une main ce que l'on nous a donné de l'autre, notamment en rendant les textes favorables difficiles à mettre en œuvre sans risques. La lecture de ce guide facilite aussi ces démarches en vous aidant à cibler vos questions.

L'optimisation fiscale devient enfin accessible à tous...

Introduction

L'ouvrage

Il vise toutes les situations de famille à tous les moments de la vie. Il présente ainsi une vue globale et complète des pistes d'économies possibles. Cette version s'est enrichie de détails ou de conseils sur les précautions à prendre dans certaines situations.

La **première partie est consacrée à votre foyer fiscal**. Vous êtes guidé sur les choix et économies possibles selon vos particularités. Des avantages existent pour toutes les situations abordées :

- la personne qui vit seule ;
- le couple, de sa formation à sa dissolution ;
- les enfants, pour chaque tranche d'âge ;
- les personnes handicapées ou dépendantes ;
- les parents et personnes âgées.

La **deuxième partie s'attache à votre quotidien**. Elle vous indique comment bénéficier d'un revenu disponible après impôts plus important : il s'agit pour cela de penser aux dépenses sponsorisées par le fisc et de rechercher si vos revenus taxables peuvent être revus à la baisse. Faites le point, vous serez peut-être agréablement surpris…

La **troisième partie vous conseille dans la gestion et la transmission de votre patrimoine**. Vous pouvez en toute légalité rentabiliser ou transmettre un revenu avec une fiscalité allégée. C'est bien connu, plus on a d'argent, plus on a de facilités pour économiser l'impôt. Des optimisations fiscales sont également possibles pour tous ceux qui ont quelques économies, même modestes. C'est le choix du support du placement ou du mode de transmission qui fera la différence. Des conseils vous sont donnés pour distinguer les meilleures options fiscales et organiser vos opérations.

La **quatrième partie guide vos premiers pas dans le domaine de la fiscalité internationale**. L'idée est de pouvoir faire la part des choses entre ce qui n'est souvent qu'un rêve et la réalité. Qui ne rêve pas de ne pas payer d'impôts ? L'idée reçue est de se réfugier, ou prétendre le faire, dans un de ces états de rêve qui vous offre le paradis fiscal. Cela n'est pas si simple. Attention aux vendeurs de chimères ! Le paradis, ne serait-ce quand même pas la France après tout, à condition d'en connaître et d'en utiliser les atouts fiscaux applicables à votre situation, tout en profitant de sa qualité de vie et de ses richesses dans tous les domaines ?

Enfin, la **cinquième partie démystifie le contrôle fiscal et ses éventuelles conséquences**, et, le cas échéant, vous oriente vers une procédure de contestation, si vous estimez être en droit de réclamer sur la base de la réglementation applicable.

Vous trouverez en **annexe** :

- un glossaire sur le jargon fiscal incontournable ;
- une fiche d'aide pour mieux naviguer sur le site du ministère des Finances (www.impots.gouv.fr) ;
- des modèles de courriers utiles.

Enfin, pour vous aider dans votre lecture, cet ouvrage est jalonné d'icônes qui correspondent chacune à une rubrique.

Des conseils rédigés dans le langage courant sont indiqués pour chaque situation.

Des exemples illustrent les choix possibles avec deux personnages aux noms évocateurs, Jean Kipétro et Juste Cekifo, qui sont mis en situation avec leur famille. L'un paie plus que l'autre qui ne paie que ce qu'il faut, et pas plus…

Des tirelires, symboles des économies chiffrées réalisables, sont semées sur la piste.

Visionnez la liste noire des impôts

Afin de retirer tous les avantages des économies conseillées, intéressons-nous d'abord à la liste noire des impôts qui touchent les particuliers, avec leurs principales spécificités. Ce petit effort de lecture un peu technique sera vite récompensé par une meilleure compréhension des pages qui suivent, pour organiser au mieux vos opérations privées au regard de leurs possibles économies, présentes et à venir.

Impôt sur le revenu

L'impôt sur le revenu est prélevé par l'État. Son montant est calculé par application d'un barème sur le revenu net taxable qui est déterminé en plusieurs étapes. L'impôt sur les plus-values des particuliers est prélevé selon un taux forfaitaire jusqu'en 2012.

Détermination du revenu net global

Les revenus sont classés en plusieurs catégories : salaires et pensions, bénéfices industriels et commerciaux (BIC), bénéfices non commerciaux (BNC), bénéfices agricoles, revenus fonciers, revenus de capitaux mobiliers, plus-values, etc. Le revenu imposable de chaque

13

catégorie est déterminé selon des modalités particulières. Il est ensuite procédé à l'addition des revenus de chaque catégorie pour déterminer le revenu global. Le fisc est un peu plus frileux lorsqu'il s'agit de procéder aux soustractions liées à l'existence d'une perte dans une catégorie. Il a donc limité la déduction de certains déficits.

Détermination du revenu imposable

On soustrait ensuite du revenu global les déductions fiscales, par exemple les pensions alimentaires, pour arriver au revenu imposable qui constitue l'assiette ou la base de l'imposition.

Calcul de l'impôt

L'impôt dépend de votre foyer fiscal et de votre revenu imposable.

Plus votre **foyer fiscal** a de parts, moins vous payez d'impôt. L'avantage donné par chaque demi-part est cependant plafonné à un certain montant, pouvant varier selon les situations. Le plafond de droit commun est de 2 000 euros pour les revenus 2012. Le **revenu global imposable** n'est pas taxé selon un taux d'impôt unique et proportionnel. Il est en effet réparti en plusieurs parties, appelées tranches d'imposition, et le taux d'imposition varie selon les tranches. Des taux successifs sont appliqués, en partant de la première tranche, qui est la plus basse, jusqu'à la dernière, qui se situe dans la partie la plus élevée du revenu.

Les taux sont progressifs : d'abord 0 %, puis des taux intermédiaires (5.5 %, 14 %, 30 %, 41 %) de plus en plus élevés, et enfin le taux le plus haut, soit le taux marginal, sans pouvoir excéder 45 %. Si votre revenu augmente d'une année sur l'autre, l'augmentation, et seulement elle, subira le taux de votre tranche la plus élevée, puis ainsi de suite. Les barèmes applicables aux revenus de 2011 ont été reconduits pour les revenus de 2012. À première vue, cela peut sembler favorable, mais ne vous y trompez pas, cela signifie aussi que si votre revenu augmente, il atteindra plus vite les tranches de taxation supérieures puisqu'elles ne sont pas revalorisées. Le fisc sait parfois présenter les choses de façon séduisante… Une nouvelle tranche taxable à 45 % a été créée pour l'imposition de revenus de 2012 pour la part de revenus supérieure à 150 000 euros par part.

Tranche d'imposition	Taux d'imposition
Inférieure ou égale à 5 963 euros	0 %
Comprise entre 5 963 euros et 11 896 euros	5,5 %
Comprise entre 11 896 euros et 26 420 euros	14 %
Comprise entre 26 420 euros et 70 830 euros	30 %
Comprise entre 70 830 euros et 150 000 euros	41 %
Supérieure à 150 000 euros	45 %

L'impôt, une fois déterminé, peut être réduit par imputation de réductions ou des crédits d'impôt. En cas d'excédent des crédits d'impôt sur l'impôt à payer, la partie non imputée du crédit d'impôt est remboursable par le fisc. En revanche, il n'y a aucun remboursement si la réduction d'impôt est supérieure à l'impôt à payer. C'est la différence entre crédits d'impôt et réductions d'impôt.

Attention, la tendance actuelle de l'État est de rogner chaque année un peu plus les cadeaux fiscaux largement consentis à une époque dorée. Rien n'est vraiment bouleversé, mais tout est plus ou moins raboté ou soumis à de subtiles conditions sur lesquelles l'attention n'est pas toujours attirée. Difficile de s'y retrouver !

L'avantage procuré par un certain nombre de réductions ou de crédits d'impôt est plafonné. La dernière loi de finances a modifié le champ d'application du plafonnement ainsi que le montant. Le plafonnement concerne un certain nombre de déductions ou de réductions d'impôt.

À compter de l'imposition des revenus 2013, est exclue du plafonnement par la loi de finances pour 2013 la réduction d'impôt accordée au titre des opérations de restauration immobilière Malraux.

À compter de l'imposition des revenus 2013, le plafond est de 10 000 euros, ce qui représente un sérieux coup de frein (18 000 euros et 4 % du revenu imposable pour les revenus 2012). Un plafond majoré de

18 000 euros est applicable en cas d'investissements outre-mer ou dans des Sofica (Société de financement de l'industrie cinématographique et de l'audiovisuel). Des modalités particulières sont prévues pour les investissements locatifs non professionnels dans des résidences meublées ou les investissements locatifs Scellier selon la date d'investissement.

L'étoile positionnée après la tirelire illustrant l'économie précise si elle est plafonnée. Les plafonds peuvent se superposer selon la date de l'opération générant l'économie, ce qui n'est pas fait pour simplifier les calculs de ceux qui souhaitent profiter de la totalité du plafond… Ce sujet instable est donc à suivre de près, notamment en consultant le site Internet du ministère des Finances. Une simulation du calcul de votre impôt sur le revenu peut vous aider à vous y retrouver.

Mais rassurez-vous, certains avantages ne sont pas (encore) plafonnés, ni surtout les astuces qui permettent d'interpréter judicieusement les textes. En particulier, dès qu'un choix est possible, vous pouvez imaginer une économie. Et de nombreux choix sont accessibles.

Certains revenus sont taxés en dehors du revenu global et soumis à un taux proportionnel unique, comme les plus-values, en tout cas jusqu'en 2012.

Pas de nouveau coup de rabot prévu en 2013 !

Rappelons qu'après le coup de rabot de 10 % de 2010, 2011 avait vu la mise en place d'une réduction de 15 % des niches fiscales, applicable en 2012.

Outre le plafonnement global des avantages fiscaux, des coups de rabot ont été pratiqués au coup par coup sur les niches fiscales. La loi de finances pour 2011 avait raboté de 10 % certains avantages, celle pour 2012 était passée à une vitesse supérieure par une nouvelle réduction de 15 % de certaines niches pour les dépenses de 2012. Les niches visées étaient en général les mêmes que celles concernées par le plafonnement, qui sont indiquées dans ce guide par une étoile *, exception faite de la réduction ou du crédit d'impôt pour l'emploi d'un salarié à domicile, le crédit d'impôt au titre des frais de garde des jeunes enfants ainsi que la réduction pour investissement locatif dans le logement social outre-mer.

Les plafonds ou coups de rabot ne sont pas les seuls à réduire les avantages. N'oubliez pas que de nombreux avantages fiscaux sont liés au respect de conditions qui peuvent s'étaler sur plusieurs années. Pensez à les vérifier sur toute la période en cause, faute de quoi le fisc vous reprendra ce qu'il vous avait généreusement offert.

Certains textes prisés des contribuables ont vocation à disparaître. Le dispositif Scellier, dont 2012 est la dernière année d'application, est un exemple de ces feuilletons à dégringolades successives. Le texte s'est compliqué, ce qui l'a rendu plus risqué. L'exigence de la norme BBC (Bâtiment Basse Consommation) a fait baisser les opportunités. Le taux de l'économie fiscale a été réduit, puis raboté, puis réduit à nouveau. Or, le suivi de règles fiscales complexes et instables ne s'improvise pas. Dans certains cas, il peut être sage de résister à l'appel des sirènes mettant en avant des gains fiscaux fabuleux, surtout dans la précipitation, à quelques jours de la date limite. Il est conseillé de contrôler la rentabilité exacte de votre investissement avant de céder à la tentation de l'appât fiscal. Outre la rentabilité financière du produit attendue en termes de loyers ou de plus-values, soyez vigilant sur les conditions à respecter et sur les dates exactes d'application des textes. Bordez votre contrat d'achat, si besoin est avec l'aide d'un avocat, afin de vous protéger, et dans le pire des cas pouvoir agir en justice en cas de promesses non tenues.

Déclaration et paiement de l'impôt sur le revenu

L'impôt sur le revenu est en principe déclaré et payé l'année qui suit celle de la réalisation des revenus. Le paiement se fait généralement sous forme d'acomptes ou de prélèvements mensuels. Il peut dans certains cas être payé en une seule fois, ou sous forme d'un prélèvement libératoire.

Vous pouvez déclarer sur Internet. Cela ne vous dispense pas de conserver les justificatifs des revenus déclarés et de vos dépenses ouvrant droit à réduction ou crédit d'impôt afin de pouvoir les produire si le fisc vous les demande : factures de travaux éligibles, fiches de paie ou factures des associations employant le personnel à domicile, attestations des dons, etc.

Quand devez-vous payer votre impôt sur le revenu?

Si vous en faites la demande, vous avez la possibilité de le payer mensuellement. Cela peut être judicieux si vous avez du mal à garder les fonds nécessaires. Vous payez d'avance, mais comme vous avez pris les devants, vous êtes plus serein quand l'avis d'imposition arrive.

Dans le cas où vous n'êtes pas mensualisé, vous payez des acomptes d'impôt sur le revenu, appelés tiers provisionnels. Le solde de l'impôt est réglé après réception de l'avis d'imposition. Les avis d'imposition sont le plus souvent expédiés en août, avec une date limite de paiement du solde de l'impôt mi-septembre. Vous pouvez gagner une semaine de délai supplémentaire en payant en ligne. Mais dans certains cas comme un déménagement ou une situation de famille nouvelle, les avis d'imposition arrivent courant octobre avec une date limite de paiement au 15 novembre.

Si vous n'avez rien reçu début septembre et ne pensez pas être dans un cas particulier, n'hésitez pas à prendre contact avec votre service des impôts afin de vérifier que votre avis ne s'est pas perdu. Cela vous évitera des majorations pour retard de paiement.

Si vous avez choisi d'être mensualisé, vous recevez votre avis d'imposition avant la mi-septembre. Il vous indique la date et le montant de vos prochains prélèvements mensuels pour l'année en cours et ceux qui seront effectués dès janvier prochain afin de provisionner l'impôt de l'année qui suit.

Le fisc a sa propre application pour smartphone!

Fini le temps où l'on se représentait les agents du fisc comme des ronds-de-cuir! L'ère fiscale est passée au presque tout-informatique, et c'est parfois le contribuable qui est à la traîne. Ainsi, le site www.impots.gouv.fr est à la pointe du progrès tant pour la facilité de lecture de son contenu que des services qu'il peut rendre, en matière d'obligations fiscales s'entend. Il ne vous indique pas encore comment optimiser votre impôt au vu de vos particularités.

Les plus modernes pousseront le vice jusqu'à côtoyer le fisc en tout lieu grâce à leur smartphone. Eh oui, l'application smartphone impots.gouv est à découvrir, et pour les plus récalcitrants, voici une bonne nouvelle : elle est gratuite ! Si vous le désirez, vous pouvez télédéclarer et télépayer l'impôt sur le revenu, les prélèvements sociaux, la taxe d'habitation avec la contribution à l'audiovisuel public (ex-redevance) et les taxes foncières depuis votre smartphone en toute sécurité. Pour cela, votre mobile flashe le code figurant sur l'avis d'impôt.

Taxe foncière

C'est l'impôt du propriétaire, payé chaque année aux collectivités locales, sur un immeuble détenu au 1er janvier de l'année d'imposition. Sa base est constituée par la valeur locative. Il existe quelques possibilités d'exonération que ce guide énonce.

Taxe d'habitation

Il s'agit d'un impôt payé chaque année aux collectivités locales, au titre de la disposition d'un logement meublé au 1er janvier de l'année d'imposition. La taxe d'habitation est due que l'on soit propriétaire, locataire ou occupant à titre gratuit d'un logement occupé au 1er janvier de l'année considérée. Sa base est constituée par la valeur locative du logement. Pour la résidence principale, des abattements sont appliqués selon les charges de famille, soit 10 % pour chacune des deux premières personnes à charge, et 15 % pour chacune des personnes à charge suivantes. Il existe aussi des possibilités d'exonération ou des abattements spécifiques selon les situations, notamment en présence d'une personne handicapée.

Impôt de solidarité sur la fortune (ISF)

C'est un impôt assis sur la fortune. La base est constituée par la valeur vénale, c'est-à-dire réelle, des actifs, qui sont les biens détenus, de laquelle est déduit le passif, c'est-à-dire les dettes. Certains biens sont exonérés ou subissent un abattement. Des réductions liées à certains placements réduisent l'impôt à payer. Le tarif applicable dépend d'un barème progressif avec des tranches. L'ISF est payé au titre des biens détenus au 1er janvier de l'année d'imposition.

Le seuil actuel qui déclenche l'ISF est fixé à 1 300 000 euros. Un système de décote est prévu pour atténuer l'effet des seuils de 1 300 000 euros et 3 000 000 euros. Les règles relatives à l'assiette ne sont pas modifiées. Le plafonnement de l'ISF a été supprimé en 2012, mais réintroduit en 2013. On parle souvent de supprimer l'ISF, mais il se maintient. Si vous atteignez les seuils de taxation, veillez à constituer des dossiers de justificatifs pour vos évaluations, et à vérifier les conditions d'exonération de vos biens, notamment professionnels. Les délais pour le vérifier sont plus longs en cas d'absence de déclaration. La déclaration doit être exacte si vous souhaitez être tranquille.

La loi de finances pour 2013 réforme à nouveau l'ISF dû à compter de 2013. Les tarifs d'imposition sont relevés et le plafonnement revient.

Fraction de la valeur nette taxable du patrimoine	Tarif applicable (en %)
N'excédant pas 800 000 €	0
Supérieure à 800 000 € et inférieure ou égale à 1 310 000 €	0,50
Supérieure à 1 310 000 € et inférieure ou égale à 2 570 000 €	0,70
Supérieure à 2 570 000 € et inférieure ou égale à 5 000 000 €	1
Supérieure à 5 000 000 € et inférieure ou égale à 10 000 000 €	1,25
Supérieure à 10 000 000 €	1,50

Pour les redevables dont le patrimoine a une valeur nette taxable égale ou supérieure à 1 300 000 euros et inférieure à 1 400 000 euros, une formule de lissage a été mise en place : le montant de l'impôt calculé selon le tarif prévu au tableau ci-dessus est réduit d'une somme égale à 17 500 € - 1,25 % P, où P est la valeur nette taxable du patrimoine. Le nouveau plafond prévoit que le total de l'impôt sur le revenu et de l'ISF ne peut excéder 75 % des revenus de l'année précédente. L'excédent éventuel s'impute sur l'ISF uniquement. Le calcul du plafonnement prévoit des modalités précises sur les revenus à prendre en compte (article 885 V bis du Code général des impôts ou CGI).

Le seuil déclenchant une obligation de déclaration spécifique a été abaissé à 2 570 000 euros. En dessous de ce montant, il suffit de porter le montant taxable sur votre déclaration de revenus N° 2042.

Les mesures de contrôle et les sanctions sont également renforcées.

Droits d'enregistrement

Ils sont dus par le bénéficiaire en cas de donation (droits de donation) ou de succession (droits de succession), ou par l'acquéreur en cas d'acquisition (droits de mutation). L'assiette est constituée par la valeur vénale du bien transmis ou par le prix d'achat, qui est censé représenter la valeur réelle pour les transmissions à titre gratuit. Des abattements sont possibles suivant la qualité du bénéficiaire ou du donateur. Selon le cas, les droits sont calculés avec un taux fixe, proportionnel, ou progressif d'après un barème. L'impôt est payé au moment de l'enregistrement de l'acte.

Prélèvements sociaux

Ils frappent pratiquement tous les revenus, qu'ils soient liés à votre activité ou à vos placements. Une partie est déductible des revenus imposables. Pour les revenus d'activité, la CSG et la CRDS sont prélevées avec les cotisations sociales.

Pour les revenus du patrimoine, le montant total du taux des prélèvements est de 15,5 %. Selon le cas, ils font l'objet d'un recouvrement séparé ou sont prélevés à la source ou en même temps que l'impôt sur le revenu.

TVA

C'est un impôt de consommation, facturé et recouvré par un fournisseur de biens ou de services, qui le reverse ensuite à l'État. Les taux appliqués en métropole sont le taux normal de 19,6 % (relevé à 20 % en 2014), le taux réduit de 5,5 % (réduit à 5 % en 2014) et un taux superréduit de 2,1 % touchant des biens particuliers (certains médicaments, parutions, etc.). Un nouveau taux réduit de 7 % (porté à 10 % en 2014) a été instauré à compter de 2012. Il concerne la plupart des produits et services qui relevaient du taux réduit de 5,5 %, ce dernier taux n'ayant pas été supprimé pour autant.

Continuent de bénéficier du taux réduit de 5,5 % les aliments et boissons non alcooliques, la plupart des équipements et services nécessaires aux handicapés, des abonnements d'électricité, les cantines scolaires, etc. Les gourmands ne sont toujours pas favorisés, puisque sont notamment soumis au taux normal de 19,6 % les confiseries, certains chocolats et produits à base de chocolat, les margarines et graisses végétales et… le caviar. De quoi motiver fiscalement son régime…

En revanche, sont par exemple soumis au taux réduit de 7 % les médicaments non remboursables, les transports de voyageurs, les abonnements de télévision, la plupart des spectacles, l'hôtel, les travaux portant sur des locaux d'habitation achevés depuis plus de deux ans, les ventes à consommer sur place. Compte tenu de la limite parfois floue entre les biens soumis à 5,5 % et ceux supportant le taux de 7 %, quelques «bugs» de mise en route s'ajoutent au désagrément du surcoût. La culture était ainsi devenue plus chère, puisque la TVA sur les livres a été augmentée… puis rebaissée à compter de 2013.

La TVA est en général appliquée sur le prix hors taxes. Elle n'est pas récupérable par le consommateur final.

Partie I

Votre foyer : les atouts de votre situation

La composition du foyer est déterminante pour le calcul de l'impôt. En principe, le foyer fiscal peut comprendre le conjoint marié ou pacsé, les enfants, et les personnes à charge titulaires de la carte d'invalidité. Chacun apporte sa contribution au nombre de parts du foyer ou aux possibilités d'économies fiscales.

En matière d'impôts, la famille reste une valeur sûre. Des avantages sont prévus selon la situation des personnes qui composent le foyer fiscal, et des options sont possibles selon le moment de la vie. La combinaison des deux permet souvent de réaliser des économies.

Il serait dommage de passer à côté soit en ignorant qu'un choix ou un avantage est possible, soit en restant sur un *a priori*. N'oublions pas que les politiques aiment faire évoluer les impôts, et que ce qui était vrai hier ne l'est peut-être plus aujourd'hui. Alors faites le point sans attendre, une bonne surprise est sûrement au rendez-vous.

Personne seule : vous avez votre part, voire plus

> *« C'est au moment de payer ses impôts qu'on s'aperçoit qu'on n'a pas les moyens de s'offrir l'argent que l'on gagne »*
> **Frédéric Dard**

La personne seule (célibataire, veuve ou divorcée) constitue un foyer fiscal, avec une part.

Pour les personnes célibataires ou divorcées, le nombre de parts est porté à une et demie avec un enfant à charge, deux parts avec deux enfants, trois parts avec trois enfants, quatre parts avec quatre enfants, etc., avec la possibilité d'une demi-part supplémentaire.

Les veufs ayant un ou plusieurs enfants ou une personne invalide à charge bénéficient du même nombre de parts que les contribuables mariés ayant le même nombre de personnes à charge. Une personne veuve ayant une personne à charge bénéficie donc de 2,5 parts. Une réduction d'impôt supplémentaire leur est également accordée par la loi de finances pour 2013 afin de neutraliser les effets de la baisse du plafonnement général à 2 000 euros.

Sont abordées dans ce chapitre les subtilités de la fameuse demi-part supplémentaire pour les parents isolés, autres que les veufs, et l'idée reçue selon laquelle le célibataire paie plus d'impôts que les autres. Toutes les économies évoquées dans les autres chapitres concernent également les personnes seules, à part, bien entendu, celles liées au couple uni. Par exemple, le célibataire séparé peut déduire la pension alimentaire qu'il verse pour l'entretien de ses enfants.

Demi-part supplémentaire du parent isolé : un cadeau piégé

Il s'agit d'un « plus » pour la personne seule dans deux cas de figure.

D'une part, si une personne célibataire ou divorcée a au moins un enfant à charge à titre exclusif, elle peut bénéficier du système de la fameuse demi-part supplémentaire réservée aux personnes seules élevant leurs enfants. Ainsi une personne divorcée qui remplit les conditions a deux parts avec un enfant à charge, deux parts et demie avec deux enfants à charge, trois parts et demie avec trois enfants à charge, quatre parts et demie avec quatre enfants à charge, etc.

La part entière au titre du premier enfant entièrement à charge peut alors rapporter un avantage en impôt, jusqu'à 4 040 euros pour les revenus 2012. En cas de garde alternée, l'avantage est porté à 2 020 euros pour la demi-part accordée au titre de chacun des deux premiers enfants à charge.

D'autre part, une demi-part supplémentaire est également attribuée aux célibataires, divorcés ou veufs n'ayant plus de personne à charge, mais ayant élevé un enfant devenu majeur et imposé à part, ou ayant adopté, ou ayant eu un enfant décédé après l'âge de seize ans. Il est alors nécessaire d'avoir eu la charge exclusive de l'enfant pendant cinq ans en tant que parent vivant seul.

L'avantage en impôt peut aller jusqu'à 897 euros pour ceux ayant eu la charge exclusive ou principale de l'enfant pendant cinq ans en tant que parent vivant seul, et 120 euros pour les revenus de 2012 pour ceux ne répondant pas à ce critère, mais ayant bénéficié de la demi-part supplémentaire pour les revenus 2008. Pour eux, cet avantage sera progressivement supprimé d'ici 2013.

Attention au piège! Pour bénéficier de cette demi-part, il faut vivre vraiment seul au 1er janvier de l'année considérée. Le fait que vous viviez avec une personne qui ne participerait pas du tout au financement de votre famille vous fait également perdre la demi-part.

Cet avantage revu à la baisse est sous surveillance. N'oubliez pas de cocher la case indiquée sur la déclaration. Auparavant, vérifiez si vous remplissez bien toutes les conditions exactes sur le site www.impots.gouv.fr.

Un et un font deux

Contrairement aux idées reçues, le célibataire ne paie pas davantage d'impôt sur le revenu qu'un couple marié qui aurait deux fois le même revenu que lui. En ce qui concerne les cadeaux du fisc accordés au célibataire, ils sont simplement déterminés pour une personne, au lieu de deux, ce qui semble logique.

Un plus un égale deux

Juste Cekifo et Justine sont célibataires. Chacun a un revenu salarié taxable de 50 000 euros et paie un impôt de 7 934 euros. S'ils étaient concubins, le total de l'impôt sur le revenu des deux célibataires serait donc de 7 934 euros + 7 934 euros = 15 868 euros.

S'ils étaient mariés ou pacsés, ils paieraient également 15 868 euros sur le total de leurs revenus, ce qui ferait bien 7 934 + 7 934.

À revenu égal, l'impôt est le même, qu'ils soient mariés, pacsés ou célibataires : dans ce cas, le fait d'être célibataire n'est donc pas pénalisé fiscalement. Qui a dit qu'être célibataire coûtait toujours plus cher qu'être marié ?

Cela étant dit, pour les personnes seules qui envisagent de vivre en couple, rendez-vous au chapitre suivant pour apprécier les avantages fiscaux du mariage ou du pacs par rapport au concubinage. Il y est démontré que pour deux personnes vivant ensemble, le fait d'être mariées ou pacsées, plutôt qu'unies en toute liberté, permet d'économiser de l'impôt sur le revenu lorsque les revenus sont différents. Ces couples sont également gagnants pour d'autres impôts. La liberté serait-elle finalement davantage taxée ?

Couple :
le fisc maître de cérémonie

*« La déclaration d'impôt peut passer pour le contraire
d'une déclaration d'amour : on en dit le moins possible »*
Jacques Sternb

Vous vivez en couple ? Comment vous y retrouver d'un point de vue fiscal entre union libre, pacs et mariage ? Après avoir mis en évidence comment, selon son intérêt, le fisc ignore ou prend en compte le couple de concubins, ce chapitre démontre que le couple officialisé par un contrat peut rapporter gros, notamment en ce qui concerne les droits de donation ou de succession. Vous marier ou vous pacser n'est pas qu'un acte fiscal. Il est sage de penser aux conséquences juridiques de votre choix : protection du conjoint, éventuelle séparation, droits du conjoint comme héritier, prise en compte des enfants qui ne sont pas communs, etc.

Concubins, le fisc ne vous reconnaît que dans son intérêt: soyez imaginatifs

Impôt sur le revenu: deux foyers fiscaux

Attention, du point de vue de l'impôt sur le revenu, le foyer du couple qui vit en union libre ou en concubinage ne se confond pas avec le foyer fiscal. Vous êtes considérés comme deux célibataires, chacun avec son propre foyer fiscal. Cela fait deux foyers fiscaux et deux déclarations de revenus. Chacun est alors visé par les règles concernant les célibataires.

Le plafonnement des niches fiscales étant de 10 000 euros par foyer fiscal au titre des revenus de 2013, en étant concubins, vous bénéficiez deux fois de ce plafonnement.

On relève le bémol suivant: si l'un des concubins, ou les deux, bénéficie de la demi-part supplémentaire pour parent isolé, il la perd en vivant en union libre, car elle n'est reconnue qu'aux personnes vivant seules. Le fisc a les moyens de connaître votre situation (taxe d'habitation, déménagement, etc.).

Si vous avez des enfants en commun, ils sont rattachés au foyer fiscal de l'un ou de l'autre parent, selon votre choix. Le montant de l'impôt varie alors selon les revenus et les charges de celui qui compte les enfants dans son foyer fiscal et du nombre d'enfants rattachés.

Pour trouver la solution de rattachement des enfants la plus avantageuse, comparez le cas où chacun rattache un ou plusieurs enfants sur sa déclaration fiscale, et le cas où un seul prend tous les enfants à charge. On peut même aller plus loin en faisant déduire une pension alimentaire par celui des deux parents qui ne rattache pas à son foyer fiscal les enfants communs, l'autre parent rajoutant alors la pension dans ses revenus.

Comment la répartition de vos enfants sur votre déclaration vous fait-elle gagner de l'argent?

Juste Cekifo vit en union libre avec Justine. Jean Kipétro vit en union libre avec Jeanne. Chaque couple a quatre enfants. Pour Jeanne et Justine, le montant du revenu salarié imposable est de 20 000 euros; 120 000 euros pour Jean et Juste.

Chez Jean et Jeanne, par un souci d'équité bien compréhensible, chacun prend en compte deux enfants sur sa déclaration d'impôt: Jeanne, avec deux parts, ne paie pas d'impôt; Jean, avec deux parts, paie 26 922 euros. Soit un total de **26 922 euros.**

Dans un premier temps, Juste retient les quatre enfants sur sa déclaration d'impôt: Justine, avec une part, paie 1 181 euros; Juste, avec quatre parts, paie 18 922 euros, soit un total d'impôt pour les deux de **20 103 euros.**

L'impôt sur le revenu de Juste et de Justine calculé ainsi est de **6 819 euros** de moins que celui de Jean Kipétro.

Dans un second temps, le couple décide de raisonner avec la déduction d'une pension alimentaire. Justine, qui ne compte pas les enfants à charge sur sa déclaration, déduit une pension alimentaire, soit 8 000 euros pour ses quatre enfants; Juste ajoute les 8 000 euros sur sa déclaration. L'impôt de Justine est de 0 euro; celui de Juste est de 18 922 euros; soit un total pour les deux de **18 922 euros.**

Le gain de Juste Cekifo et de sa compagne par rapport Jean Kipétro et à Jeanne s'élève à **8 000 euros.**

Pour mémoire, s'ils étaient mariés, ils paieraient, avec cinq parts, **12 267 euros,** ce qui serait encore plus avantageux, compte tenu de la disparité de salaires entre Monsieur et Madame. Le gain d'impôt par rapport à Jeanne et Jean Kipétro serait alors de 14 655 euros. Le choix le pire à faire serait que Jeanne, sans réfléchir, prenne à sa charge les quatre enfants. Elle ne paierait alors certes pas d'impôt, mais Jean devrait verser 27 642 euros, ce qui représenterait 8 720 euros de trop par rapport à l'impôt des Cekifo.

Le gain d'impôt dépend des revenus et des charges. Il peut être provoqué par une répartition maline des parts fiscales. Faites une simulation avec vos données sur le site www.impots.gouv.fr et choisissez la meilleure répartition des enfants sur les deux déclarations des parents. Si vous combinez, avec le rattachement des enfants, la déduction d'une pension alimentaire par le concubin qui ne compte pas les enfants à charge fiscalement, le levier fiscal peut être significatif selon les chiffres en cause. Déduisez alors un montant de pension raisonnable et cohérent selon vos revenus et ceux de l'autre parent.

Droits de succession ou de donation : vous payez « plein pot »

Les droits dus par le concubin qui reçoit une somme de son compagnon sont calculés au tarif le plus élevé, soit 60 %. Cela peut être grave pour le concubin dans le besoin que l'on aurait oublié de protéger sur le plan fiscal et qui ne percevrait en définitive que 40 % des sommes transmises ! Le chapitre relatif aux donations et transmission vous intéresse d'autant plus que vous avez beaucoup à perdre si vous ne faites rien pour éviter cette taxation exorbitante, qui devrait en principe concerner les étrangers, alors que vous ne l'êtes pas l'un pour l'autre. Le fisc se modernise mais a encore du chemin devant lui pour être dans l'air du temps… Pas moyen de vivre libres et allégés fiscalement, sauf peut-être en suivant certains conseils de ce guide.

En cas de succession, pour vous consoler, vous bénéficiez d'un maigre abattement de 1 570 euros en 2012 sur la part taxable.

Utilisez l'assurance-vie pour transmettre de l'argent à votre concubin non pacsé au moindre coût fiscal : possibilité d'exonération des droits d'enregistrement sur 152 500 euros transmis si les sommes ont été versées au contrat avant l'âge de soixante-dix ans. Pour la part excédant 152 500 euros et inférieure à 902 838 euros, le taux de la taxation est de 20 % et au-delà, il est de 25 %. Si les sommes sont placées après l'âge de soixante-dix ans, l'ensemble des bénéficiaires a droit à un abattement de 30 500 euros.

Rendez-vous au chapitre 11 de la troisième partie à la rubrique « Placements financiers assurance-vie » qui en décrypte les avantages. Ce placement offre également une grande souplesse juridique en matière de transmission.

En effet, si c'est la personne qui fait le don qui les prend en charge, le montant correspondant aux droits d'enregistrement payés par le donateur n'est pas lui-même considéré comme un cadeau, et échappe donc aux droits d'enregistrement. En définitive, cela permet de verser plus. Plus le taux des droits d'enregistrement est élevé, ce qui est votre cas, plus c'est intéressant. Ce système repose sur une apparente entorse à la logique, pourtant juste d'un point de vue mathématique. Le mode de calcul est illustré au chapitre 14 de la troisième partie sur les transmissions et donations en tant que dernière cerise sur le gâteau fiscal.

ISF : attention, l'addition est pour le couple, même non marié ou pacsé !

Si le concubinage est notoire, le foyer fiscal, aux oubliettes pour l'impôt sur le revenu, surgit alors pour les besoins de l'ISF. On additionne les biens des concubins afin de déterminer si les personnes sont soumises à l'ISF, ainsi que pour calculer le montant de cet impôt ! Hétérosexuels ou homosexuels, l'addition est la même. Il semblerait bien que les concubins soient, plus que les célibataires vivant seuls, les vrais mal-aimés du fisc… Cette pression fiscale expliquerait-elle le maintien du nombre de mariages et le succès croissant des pacs ?

Mariage, pacs : oui, pour le meilleur des impôts

Mariage ou pacs, c'est du pareil au même pour le fisc, qui préfère le couple contractuel, robe blanche ou pas. Votre foyer est alors également votre foyer fiscal, ce qui offre des avantages surtout en ce qui concerne la transmission des biens.

Faut-il se marier ou se pacser pour payer moins d'impôt sur le revenu ?

Un seul foyer fiscal pour deux entraîne une seule déclaration où sont pris en compte les revenus de chacun et deux parts pour le couple. Peu importe le régime matrimonial, on additionne les revenus du couple pour calculer l'impôt sur le revenu. Comme nous l'avons vu au chapitre précédent, en l'absence d'enfants, si les revenus des conjoints mariés ou des personnes pacsées sont identiques, il est indifférent sur le plan fiscal de se marier, de se pacser, ou de ne pas le faire. En revanche, dans les autres cas, le mariage et le pacs peuvent permettre de payer moins d'impôts. Cela est vrai dès que les revenus du couple sont différents. Le cas le plus flagrant, illustré ci-dessous, est celui où l'un des deux conjoints ou partenaires n'a pas de revenus.

**Union contractuelle ou union libre
quand l'un des deux n'a pas de revenus ?**

Jean Kipétro et Juste Cekifo, dont les compagnes n'ont pas de revenus, n'ont pas fait le même choix.

Jean Kipétro est célibataire et vit avec Jeanne. Son revenu salarié imposable est de 120 000 euros. L'impôt pour Jean Kipétro et sa compagne s'élève à **30 922 euros**.

Juste Cekifo est marié avec Justine. Son revenu imposable est de 100 000 euros. L'impôt du couple s'élève à **16 032 euros**.

À revenu, égal, le couple Cekifo paie donc **7 506 euros** de moins que le couple Kipétro.

Avec le mariage ou le pacs, une économie liée aux revenus se produit quand l'un des conjoints ou partenaires du pacs ne travaille pas, ou a des revenus bien inférieurs.

Pour savoir si vous gagnez à être marié ou pacsé afin de diminuer votre impôt sur le revenu, rendez-vous sur le site www.impots.gouv.fr pour faire une simulation des deux situations avec vos données, et comparez les résultats des deux options.

Année du mariage ou du pacs : faites vos calculs

Jusqu'en 2010, si l'on se mariait en milieu d'année, le revenu taxable était divisé environ par deux, ce qui était très favorable. Le gain pouvait être considérable si vous aviez choisi la date idéale selon vos revenus et leur date de perception, et également selon vos charges.

Pour l'imposition des revenus réalisés à compter du 1er janvier 2011, il n'y a plus trois déclarations, donc trois impositions, mais une seule. Cela met fin au cadeau de mariage du fisc qui découlait du fractionnement du revenu taxable avec l'application de taux d'imposition plus bas. Les époux ou les partenaires d'un pacs sont désormais soumis à une imposition commune pour tous les revenus dont ils disposent. Ils ont cependant le droit d'opter pour l'imposition distincte des revenus sur l'ensemble de l'année.

Un choix demeure possible entre faire une déclaration commune ou une déclaration séparée sur toute l'année. Et qui dit choix, dit possibilité d'optimisation ! Certes, l'économie n'est plus la même qu'avec la répartition de vos revenus sur trois déclarations, mais un gain est possible en retenant la solution la plus avantageuse : choisissez donc la meilleure option après avoir réalisé une simulation de l'impôt selon l'imposition commune et l'imposition séparée ; si l'imposition commune est plus avantageuse, vous pouvez peut-être même avancer votre mariage d'une année afin d'augmenter votre gain fiscal… Encore une bonne raison pour se marier…

Pour déterminer les revenus à prendre en compte, il faut se référer à leur date d'encaissement ; pour les dépenses, on retient la date de paiement.

04/03/13   16:13

Imposition commune ou imposition séparée?

Jeanne et Jean Kipétro, ainsi que Justine et Juste Cekifo, projettent de se marier. Jeanne et Justine ont un revenu salarié de 25 000 euros, et Jean et Juste gagnent chacun 125 000 euros.

Jeanne et Jean Kipétro pensent qu'avec le nouveau texte rien ne sert de se presser. Jean paie 32 972 euros d'impôt sur le revenu, et Jeanne 1 811 euros, soit une somme totale de 34 783 euros. Ils décident d'attendre 2012 pour se marier et font une déclaration séparée: chacun avec une part, Jeanne sur 25 000 euros, et Jean sur 125 000 euros. **Leur impôt sur 2012, année du mariage, est pratiquement le même que celui de 2011, c'est-à-dire 34 783 euros. Ils paient donc un impôt cumulé de 69 566 euros sur 2011 et 2012.**

Juste et Justine Cekifo font une simulation du calcul de leur future imposition commune avec deux parts sur 150 000 euros, ce qui donne 29 517 euros. Ils réalisent que le fait d'être mariés va leur rapporter une économie d'impôt de 5 266 euros. Compte tenu du montant du gain escompté, ils avancent leur mariage à décembre 2011, le choix du mois de leur union n'influant plus sur le calcul d'impôt. En se mariant un an plus tôt et en choisissant l'imposition commune au lieu de l'imposition séparée, ils gagnent ainsi un an d'économies d'impôt sur le revenu. Pour Justine et Juste Cekifo, le montant d'impôt sur 2011 et 2012 est de **59 034 euros.**

Les Cekifo paient donc **10 532 euros de moins** que les Kipétro en avançant leur date de mariage. Ce n'est plus la dot à laquelle on était habitué, mais le fisc leur offre tout de même un très beau cadeau de mariage!

Du point de vue juridique, mariage et pacs ne sont pas semblables: ni les mêmes droits, ni les mêmes obligations. Par exemple, l'époux survivant vient au premier rang des héritiers, mais pas le compagnon pacsé; il est bien plus facile de se séparer de son compagnon pacsé que de divorcer; le mariage est le mode d'engagement qui, sur le plan juridique, protège le plus le conjoint survivant en cas de décès, etc. Il est donc sage d'accompagner sa réflexion du point de vue des économies fiscales d'une analyse au regard de ses droits et obligations.

Bébé est arrivé en 2012 !

Justine et Juste Cekifo se marient le 5 juillet 2012. Leur bébé naît le 31 décembre 2012 à 23 heures. Le couple marié fait une déclaration commune pour toute l'année 2012. Comme le bébé est né avant le 31 décembre à minuit, ils n'oublient pas d'indiquer leur enfant sur la déclaration comme s'il était né le 1er janvier, et profitent de la demi-part relative à l'enfant sur toute l'année. Le couple marié bénéficie donc de deux parts et demie pour le calcul de l'impôt sur le revenu 2012, ce qui peut rapporter jusqu'à 2 000 euros.

Droits de succession : vous ne payez rien !

En principe, les droits de succession sont dus sur les transmissions de biens d'une personne décédée, qu'elles résultent d'un testament ou des règles légales de succession. Ils sont payés par le bénéficiaire, sauf s'il en a été disposé autrement. Le conjoint marié ou le partenaire pacsé qui hérite de son conjoint ou partenaire est totalement exonéré de droits de succession.

L'exonération des droits de succession est sans limites (article 796 O bis du CGI).

De ce point de vue, aucune optimisation supplémentaire n'est possible, puisque l'exonération dont vous bénéficiez est maximale, sauf si vous n'êtes pas encore marié ou pacsé au moment où vous lisez ce texte. Alors rendez-vous à la mairie !

Droits de donation : en baisse

Les droits de donation portent sur les transmissions entre personnes vivantes, et sont payés en principe par le bénéficiaire. Les donations entre époux ou personnes pacsées ouvrent droit à un abattement de

80 724 euros au 1er janvier 2012 sur le montant reçu, et les droits sont calculés avec un taux allant de 5 % à 45 % selon le montant de la donation.

Si le montant de la donation ne dépasse pas 80 724 euros, le bénéficiaire ne paie pas de droits.

Comme pour les concubins, si l'acte de donation entre personnes mariées ou pacsées prévoit que celui qui donne prend en charge les droits de donation, le montant des droits qu'il paie à la place de celui qui reçoit n'est pas considéré comme un don par le fisc et échappe donc aux droits de donation. Cela permet finalement de donner plus. Allez découvrir ce tour de passe-passe qui rapporte gros au chapitre sur les donations, dans la troisième partie. Comme pour les concubins encore, vous pouvez utiliser l'assurance-vie pour donner un montant hors droits de succession. Le sujet est abordé en détail à la rubrique «Assurance-vie» au chapitre placements financiers (troisième partie).

Séparation, divorce : fin du foyer fiscal du couple

Le divorce entraîne un certain nombre de conséquences fiscales. Les connaître aide à les anticiper et à les gérer au mieux. Elles auront des conséquences sur votre budget longtemps après la séparation.

Patience pour votre imposition séparée...

Tant que vous n'êtes pas divorcés, votre déclaration est commune et vous êtes solidaires du paiement de l'impôt avec votre conjoint, car votre foyer fiscal subsiste, même si la situation est conflictuelle, voire bloquée. Seul le jugement de divorce marque la fin du foyer fiscal, sauf si vous êtes dans l'un des cas suivants :

- sous le régime de la séparation de biens et ne vivant pas sous le même toit ;
- en instance de séparation de corps ou de divorce et autorisés par le juge à avoir des résidences séparées ;

- abandon du domicile conjugal par l'un ou l'autre époux, chacun disposant de revenus distincts.

Beaucoup l'oublient, mais dans ces trois cas-là, la séparation entraîne l'imposition séparée des époux ou partenaires d'un couple, même si le divorce n'a pas encore été prononcé.

Si vous êtes concerné, n'attendez pas pour déduire la pension alimentaire versée pour les enfants, même pour la période précédant le divorce.

En revanche, pour déduire la pension éventuellement versée au conjoint, il faut patienter jusqu'à la décision judiciaire qui la fixe. Sachez-le, la mise à disposition gratuite du logement peut être déduite sous forme d'un avantage en nature. Pour cela, évaluez ce que représenterait un loyer au cours du marché. L'avantage est taxé pour celui qui profite du logement.

Une fois la date d'imposition séparée atteinte, chacun a son foyer fiscal et sa part propre. Le rattachement fiscal des enfants suit en principe la répartition définie par le juge pour la garde. Le fisc a même créé des quarts de part pour les gardes alternées.

Année du divorce ou de la séparation, déclarez solo

Pour les revenus réalisés jusqu'en 2010, comme pour l'année du mariage ou de conclusion du pacs, trois déclarations étaient remplies, ce qui entraînait un gain fiscal. Une première déclaration concernait le foyer fiscal du couple avec les revenus perçus par les deux conjoints du 1er janvier à la date du jugement ou, selon le cas, de la séparation. Une deuxième concernait le foyer fiscal de chacun des ex-conjoints séparés, avec les revenus perçus par chacun depuis la date de divorce ou de la séparation jusqu'au 31 décembre. Le gain d'impôt dépendait du revenu et était certain l'année du divorce, ou de la séparation selon le cas. Le principe était le même que celui appliqué l'année du mariage. Mais pour le divorce, on n'avait en général pas le choix de la date…

À compter des revenus imposés en 2011, c'est chacun pour soi pour toute l'année : au titre de l'année de séparation, chacun est imposé distinctement sur l'ensemble de ses revenus.

Pension alimentaire : n'oubliez pas l'effet réducteur de l'impôt

La pension alimentaire fixée par le juge est déductible pour celui qui la verse, à condition qu'il ne compte pas le ou les enfant(s) concerné(s) à charge fiscalement, et n'ait donc pas en plus la ou les demi-part(s) correspondante(s). Pour les enfants majeurs, la déduction de la pension est limitée à 5 698 euros pour les revenus 2012 par enfant majeur.

Celui qui reçoit la pension est taxé sur son montant. En principe, il bénéficie des demi-parts fiscales en rattachant les enfants à son foyer fiscal, ce qui diminue son impôt. Pour les enfants en garde alternée à charge égale de chacun des parents, la poire est coupée en deux : la demi-part devient un quart de part, et à partir de l'enfant numéro 3, la part devient demi-part.

Le gain pour celui qui verse la pension, et qui donc la déduit, est l'impôt calculé aux taux les plus élevés. La déduction de la pension réduit en effet le revenu taxable en commençant par les tranches supérieures. Pour celui qui la reçoit, la pension bénéficie d'un abattement de 10 %, et les demi-parts auxquelles il a droit font baisser l'impôt.

Pour un enfant en résidence alternée, vous ne pouvez pas déduire de pension alimentaire. Chaque parent bénéficie en effet d'une majoration du nombre de parts.

Les pensions alimentaires sont parfois déterminées sans tenir compte de l'effet réducteur de l'impôt pour celui qui les reçoit. C'est un raisonnement qui peut causer de mauvaises surprises. L'entretien d'un enfant fait l'objet d'un budget parfois âprement discuté, qui est réparti entre les parents afin que le juge se prononce sur le montant de la pension. Pour que celle-ci couvre les dépenses prévues, il est logique qu'elle soit augmentée de l'impôt à payer, sinon, la somme perçue sera insuffisante.

Pourtant, cet aspect est parfois mis, à tort, de côté. Pour celui qui la verse et donc qui la déduit, le versement de la pension alimentaire n'a pas pour objectif de faire baisser son impôt, mais bien de participer aux dépenses de l'enfant. Pensez-y pour fixer la pension. Faites une simulation sur www.impots.gouv.fr pour déterminer le montant qui sera vraiment disponible après avoir payé l'impôt sur le revenu et, si nécessaire, apportez les imprimés des simulations au juge afin de le convaincre.

Prestation compensatoire : minimisez les prélèvements fiscaux

La prestation compensatoire désigne le montant que doit parfois verser l'un des conjoints à son « ex » pour compenser la disparité de revenus faisant suite au divorce. Elle est versée soit en capital (paiement par remise d'une somme d'argent ou d'un bien), soit sous forme d'une rente mensuelle. Dans les cas où le mari a un revenu important et l'épouse n'a jamais travaillé, le montant peut être considérable.

En cas de paiement par remise d'un bien, faites-vous conseiller par un praticien de la fiscalité pour l'évaluation des biens et la mesure de l'impact fiscal, en particulier pour les biens ou titres professionnels. En cas de paiement par remise d'un bien immobilier, demandez au notaire le montant des droits applicables.

Pour la paix des ex-ménages, le fisc souhaite favoriser les versements rapides, et donc le versement en capital sur une période de moins d'un an. Il offre une réduction d'impôt à celui qui la verse et une exonération à celui qui la reçoit (article 199 octodecies du CGI).

Les avantages sont les suivants.

Pour celui qui verse, le gain va jusqu'à 7 625 euros pour un versement en capital, car la réduction d'impôt s'élève à 25 % dans la limite de 35 010 euros si le capital est versé en une fois ou sur moins de douze mois. La déduction du montant est illimitée si le capital est versé sur plus de douze mois ou sous forme d'une rente.

Pour celui qui reçoit, la prestation est exonérée d'impôt sur le revenu si le capital est versé en une fois ou sur moins de douze mois. Il est possible d'appliquer le système du quotient pour atténuer l'impôt sur un revenu exceptionnel en cas de versement en capital sur plus de douze mois (voir le chapitre 9 de la deuxième partie). Enfin, un abattement de 10 % (minimum 374 euros, maximum 3 660 euros sur les revenus 2012) s'applique aux rentes reçues sur plus de douze mois.

Si vous avez un revenu important, et si vous versez une prestation d'un montant supérieur à 35 010 euros, vous avez sûrement intérêt à convaincre le juge de vous autoriser à verser une rente mensuelle, qui sera alors déductible de vos revenus. Faites une simulation de l'impôt selon les deux alternatives sur le site www.impots.gouv.fr afin de déterminer le meilleur choix fiscal possible.

Attention, c'est le juge qui décide, pour des raisons non fiscales, du mode et de la durée du versement de la prestation. Sachez le convaincre avec des arguments acceptables et pas nécessairement fiscaux…

Partage : le fisc prend sa part sur votre part

Le partage met fin à l'indivision en répartissant les biens entre les co-indivisaires. Il concerne donc souvent les partages intervenant au moment d'un divorce ou d'une séparation. Le fisc applique un droit de partage de 2,5 % sur la répartition entre époux de certains biens communs ou indivis (articles 746 à 748 du CGI). Ce prélèvement avait été augmenté au 1er janvier 2012 ; il ne faut pas le négliger.

Faites-vous conseiller par un professionnel qui saura faire une évaluation financière circonstanciée, et acceptable pour chacune des parties.

Faites une évaluation raisonnable des biens partagés, en particulier des biens professionnels. N'oubliez pas de recenser les dettes déductibles de l'actif taxable. Ce sujet est compliqué et particulièrement sensible pour les actifs professionnels. Il mérite une attention particulière pour ne pas payer plus que ce que l'on doit, non seulement au moment du partage, mais aussi, le cas échéant, ultérieurement pour l'ISF ou en cas de transmission des biens partagés.

Remariage : on prend les mêmes astuces et on recommence

Tout est comme au premier ou au dernier mariage. On a le droit de reproduire les mêmes astuces et on commence par la première en choisissant judicieusement imposition commune ou séparée la première année… Puis on continue… On tire les conséquences du passé pour les pensions alimentaires, les demi-parts, etc.

Chapitre 3

Enfants : les pépites fiscales

« Les animaux domestiques ne sont pas des enfants à charge... »
Perle des impôts

L'enfant mineur : une mine d'avantages

Demi-parts : le trésor des familles nombreuses

Les enfants rattachés au foyer fiscal d'un ou des deux parents donnent droit à une demi-part supplémentaire pour les deux premiers, puis une part entière à compter du troisième. Ainsi, pour un couple marié, le nombre de parts est de deux, deux et demi avec un enfant, trois parts avec deux enfants, quatre avec trois enfants, cinq avec quatre enfants, etc.

Plus on a d'enfants, et donc de demi-parts, moins on paie d'impôt sur le revenu. C'est valable aussi pour les autres impôts : taxe d'habitation, etc.

Avec l'arrivée des enfants, l'avantage en impôt sur le revenu va jusqu'à 2 000 euros pour les revenus 2012 par demi-part additionnelle ; la valeur locative pour la taxe d'habitation enregistre un abattement, etc. (article 194 du CGI). Que du bonheur fiscal !

Attention : les enfants ne permettent plus de bénéficier d'une réduction d'ISF à compter de 2013.

Exemples du nombre de parts selon la situation de famille

Célibataire, divorcé ou veuf sans enfant à charge : 1

Marié sans enfant à charge : 2

Célibataire ou divorcé ayant un enfant à charge : 1,5

Marié ou veuf ayant un enfant à charge : 2,5

Célibataire ou divorcé ayant deux enfants à charge : 2

Marié ou veuf ayant deux enfants à charge : 3

Célibataire ou divorcé ayant trois enfants à charge : 3

Marié ou veuf ayant trois enfants à charge : 4

Célibataire ou divorcé ayant quatre enfants à charge : 4

Marié ou veuf ayant quatre enfants à charge : 5

Ces chiffres, issus du Code général des impôts (CGI), sont donnés à titre indicatif. Il convient de les ajuster, à la baisse en cas de garde alternée ou en présence d'enfants mariés ou pacsés, ou à la hausse si une personne invalide ou un parent isolé est membre du foyer fiscal. Pour cela, consultez les paragraphes abordant ces cas particuliers.

Lorsque les enfants sont à charge égale des deux parents, l'avantage est divisé par deux, soit un avantage maximum de 1 000 euros pour un quart de part additionnel.

Année de naissance ou d'adoption : le cadeau de bienvenue

L'enfant né ou adopté en cours d'année vous donne droit à une demi-part pour les numéros un et deux, puis à une part à partir du numéro 3. C'est le premier cadeau du fisc qui n'a pas la mesquinerie de calculer au prorata si l'enfant arrive en cours d'année, même si c'est le 31 décembre. Cela commence plutôt bien.

Si la date de l'accouchement est proche de la fin d'année, et si votre enfant arrive avant le réveillon, le cadeau de la demi-part vous profitera une année plus tôt que s'il arrive après les douze coups de minuit du 31 décembre...

Frais de garde des enfants : le fisc rajoute dans la tirelire

Que l'enfant soit gardé à l'extérieur ou chez vous, le fisc vous réserve des avantages.

Enfants de moins de sept ans gardés à l'extérieur : crédit d'impôt

Si vous faites garder votre enfant de moins de sept ans au 31 décembre de l'année d'imposition à l'extérieur de chez vous, soit par une assistante maternelle agréée, soit par un établissement agréé comme une crèche ou une garderie, vous bénéficiez d'un crédit d'impôt. N'oubliez pas de déclarer les éléments sur votre déclaration de revenus et de garder les justificatifs des versements. Il faut que votre enfant ait moins de sept ans au 31 décembre 2012 pour l'imposition des revenus 2012.

✶ Le crédit d'impôt annuel est de 50 % des dépenses, retenues dans la limite annuelle de 2 300 euros par enfant. L'avantage va jusqu'à 1 150 euros, réduit à 50 % en cas de garde alternée (article 200 quater B du CGI).

Enfants gardés à la maison : avantage fiscal

Si l'enfant est gardé à domicile, il est possible d'obtenir un crédit d'impôt.

✶ Dans le cas général, le crédit d'impôt s'élève à 50 % des dépenses retenues dans la limite d'un montant de 12 000 euros, majoré de 1 500 euros par enfant à charge, et limité à 15 000 euros (voir le détail dans le chapitre 7 de la deuxième partie). L'avantage peut atteindre 7 500 euros (article 199 sexdecies du CGI).

Le bon choix

N'ayez pas d'*a priori* sur le coût du mode de garde à retenir. Comme vous allez le voir dans l'exemple qui suit, les deux systèmes de réduction d'impôt sont très différents. Après les avoir découverts, vous pourrez vous rendre sur le site www.impots.gouv.fr pour comparer le gain fiscal selon les deux modes de garde. Le bonus : vous pouvez cumuler les deux réductions si vous faites garder votre enfant à l'extérieur et avez besoin des services d'une baby-sitter.

Vous pouvez donc calculer votre budget de garde d'enfants en connaissance de cause et peut-être vous offrir quelques heures de ménage en prime… Mais auparavant, comme toujours, ne regardez pas que les économies d'impôts. Pensez aussi aux aides non fiscales possibles et pouvant varier selon le mode de garde choisi.

Comment payer moins d'impôts en faisant garder les enfants ?

Les couples Cekifo et Kipétro ont chacun deux enfants : un bébé et un enfant scolarisé en maternelle. Ils travaillent tous les quatre.

Les Kipétro ont fait le choix de la crèche. Une étudiante va chercher les enfants à la crèche et à l'école. Une femme de ménage les aide quelques heures par semaine. Ils ne déclarent pas leurs deux employées. Le coût annuel est de 10000 euros. Les Kipétro ont un **crédit d'impôt de 1 150 euros**.

Les Cekifo font appel à une association qui leur adresse une personne qui garde le bébé, va chercher l'aînée à l'école et fait le ménage. Cela leur coûte 10000 euros. L'**économie d'impôt** pour les Cekifo est de **5000 euros**.

Avec un service supérieur et en restant dans la légalité, le couple de Juste Cekifo fait une économie de 3850 euros par rapport au couple Kipétro.

Quel que soit le mode de garde choisi, il est essentiel de respecter le droit du travail. Le travail non déclaré est interdit, et s'il se produit un accident pendant les heures de travail, cela peut coûter très cher à l'employeur.

Il vaut mieux dans tous les cas confier ses enfants à des personnes dont la responsabilité, ainsi que la vôtre, est établie dans un cadre légal. Pensez également aux assurances nécessaires en cas d'accident.

Renseignez-vous auprès de votre Caisse d'Allocations Familiales. Certaines prestations peuvent être exonérées, dont l'aide à la famille pour l'emploi d'une assistante maternelle agréée, ou l'allocation de garde d'enfant à domicile.

Les assistantes maternelles agréées bénéficient aussi d'avantages fiscaux, notamment par la possibilité de déduire une somme forfaitaire par enfant gardé.

Frais de scolarité : les études sont primées par le fisc

Pour les enfants comptés à charge, la réduction d'impôt s'élève à 61 euros par enfant scolarisé au collège ; 153 euros par enfant scolarisé dans un lycée d'enseignement général et technologique ou un lycée professionnel ; 183 euros par enfant suivant des études supérieures (article 199 quater F du CGI).

Si votre enfant est en garde alternée, chacun des parents bénéficie de la moitié de la réduction.

N'oubliez pas de cocher les cases sur la déclaration des revenus.

Imposition distincte des enfants mineurs : gain possible sur option

En principe, les enfants mineurs sont rattachés au foyer fiscal des parents. Mais si le mineur a des revenus personnels, il peut opter pour son imposition séparée.

Si votre enfant mineur a des revenus, vous avez intérêt à rechercher si la création d'un foyer fiscal par votre enfant est avantageuse. Faites une simulation d'impôt sur le site www.impots.gouv.fr avec les deux hypothèses suivantes. Si l'enfant est rattaché au foyer des parents, un seul calcul est nécessaire pour le foyer fiscal des parents et de l'enfant, dont la demi-part sera prise en compte par les parents. Si l'enfant fait sa déclaration à part, on fait deux calculs : l'un pour le foyer fiscal des parents sans l'enfant, l'autre pour le foyer fiscal de l'enfant. Puis on totalise l'impôt des deux foyers fiscaux. Comparez, puis choisissez la solution la plus avantageuse.

L'économie réalisée dépend des revenus.

Taxe d'habitation : les enfants entraînent des soustractions

La valeur locative qui sert de base à la taxe d'habitation est diminuée d'un abattement pour les charges de famille existant au 1er janvier de l'année d'imposition. Cet abattement est de 10 % au minimum de la valeur locative moyenne de la commune pour les deux premières personnes à charge, et est porté à 15 % à compter de la troisième personne à charge. Il peut être majoré dans certaines communes.

L'abattement pour les enfants à charge se calcule selon une valeur locative de référence. En cas de résidence alternée, l'abattement est divisé par deux.

Examinez votre avis de taxe d'habitation pour vérifier si l'abattement n'a pas été oublié, surtout après une naissance ou une adoption. S'il a été oublié, réclamez-le auprès de votre centre des impôts. (Voir dans la dernière partie comment procéder.) Les enfants pour lesquels vous déduisez une pension alimentaire ne sont pas considérés comme comptés à charge, ni votre conjoint.

L'enfant majeur : majorez vos gains

Il ne faut pas confondre « avoir un enfant à charge », ce qui est en général le cas des parents ayant des enfants sans revenus suffisants pour s'assumer, et « compter son enfant à charge du point de vue fiscal », ce qui est automatique seulement jusqu'aux dix-huit ans de l'enfant.

Dans le cas où l'enfant déclare son propre foyer fiscal, et n'est donc plus compté à charge fiscalement par les parents, le fisc tient compte du fait que l'enfant soit encore une charge financière pour les parents, et permet des déductions de frais en conséquence au niveau du foyer fiscal des parents.

L'enfant majeur de moins de vingt-cinq ans : réfléchissez à son indépendance

Le principe

L'enfant déclare les revenus de son propre foyer fiscal. L'enfant majeur est en principe imposable sous sa propre responsabilité. Il a désormais son foyer fiscal, même s'il vit avec ses parents. Les parents ne prennent plus en compte la demi-part de l'enfant. S'ils aident leur enfant majeur dans le besoin (étudiant, handicapé, chômeur, etc.), ils ont la possibilité de déduire une pension.

Pour les parents, la déduction d'une pension est possible sur justificatifs jusqu'à 5 698 euros pour les revenus 2012 par enfant. La limite est doublée si les parents participent seuls à l'entretien de leur enfant en couple ou chargé de famille.

Saviez-vous que si votre enfant majeur vit chez vous, et si vous ne le comptez plus à charge fiscalement, vous pouvez demander de déduire sans justificatifs un montant forfaitaire de 3 359 euros pour les dépenses de nourriture et d'hébergement, auquel vous pouvez ajouter les autres frais réels sur justificatifs, sans dépasser le plafond de 5 698 euros par enfant?

Même si le montant de la pension versée est supérieur à celui qui est déduit, elle n'est imposable chez le bénéficiaire qu'à hauteur du montant déduit.

L'option possible

Le fisc donne à l'enfant majeur la possibilité de demander son rattachement au foyer fiscal de ses parents, qui retrouvent alors la demi-part perdue et ajoutent sur leur déclaration les éventuels revenus de leur enfant. Si l'enfant est marié, lié par un pacs ou chargé de famille, l'avantage se traduit par un abattement du revenu imposable au lieu d'une demi-part. Cela concerne :

- les enfants majeurs de moins de vingt et un ans ;
- ceux de moins de vingt-cinq ans poursuivant leurs études.

Cela est possible que l'enfant soit ou non dans le besoin, et qu'il vive ou non au domicile des parents.

L'avantage en impôt est possible jusqu'à 2 000 euros pour les revenus 2012. Pour les enfants mariés, l'avantage prend la forme d'un abattement sur le revenu de 5 698 euros pour les revenus 2012.

Décidez donc avec votre enfant du meilleur mode de déclaration selon votre intérêt. Si c'est le rattachement au foyer des parents qui est décidé, votre enfant doit opter en ce sens selon un courrier dont le modèle est donné en annexe. Vous devez accepter. Si vous avez oublié de le faire et réalisez ensuite que cela était dans votre intérêt, vous pouvez demander à revenir sur votre première déclaration et obtenir à titre gracieux une restitution d'impôt (voir comment réclamer en partie V, chapitre 19).

Indépendance fiscale de l'enfant majeur ou pas ?

Les couples mariés Kipétro et Cekifo ont chacun trois enfants qui vivent chez leurs parents. Deux enfants sont mineurs; l'aîné, âgé de 20 ans, est étudiant. Les frais d'étude s'élèvent à 400 euros. Les parents ont un revenu taxable de 100 000 euros.

Jeanne et Jean Kipétro appliquent le principe du foyer fiscal séparé de l'enfant majeur et ne comptent plus leur fils aîné à charge fiscalement. Ils déduisent le montant forfaitaire de 3 359 euros pour frais de nourriture et d'hébergement, et les frais de scolarité de 400 euros, soit un total de 3 759 euros. Les Kipétro paient un impôt calculé avec trois parts: soit **10 740 euros**. Leur fils fait sa déclaration personnelle, et n'est pas taxé sur les 3 759 euros déduits par les parents et qu'il déclare. Jeanne et Jean Kipétro perdent au passage les avantages fiscaux rapportés par leur aîné pour la taxe d'habitation (abattement sur la valeur locative). Le comité d'entreprise de Jean Kipétro ne le subventionne plus pour les études de son fils, car il n'est plus compté à charge fiscalement.

Juste Cekifo, lui, estime préférable de garder le plus longtemps possible son fils aîné à charge fiscalement car, ainsi, il a toujours trois enfants à charge et bénéficie toujours de l'effet part entière du numéro trois, ce qui fait quatre parts au total. Son fils ne travaillant pas, cela n'augmente pas son revenu imposable. Il fait donc opter ce dernier pour le rattachement au foyer fiscal des parents. Il a droit à la réduction d'impôt de 183 euros pour enfant à charge faisant des études supérieures. Justine et Juste Cekifo paient un impôt sur le revenu, calculé avec quatre parts sur 100 000 euros: soit **7 684 euros**.

Par une simple option, **l'économie** réalisée sur une seule année par le couple Cekifo est de **3 056 euros** par rapport au choix du couple Kipétro, sans compter les autres avantages que garde le couple Cekifo. Ils referont de même l'an prochain pour renouveler l'économie qui va ainsi jouer plusieurs fois, tant que cela est possible.

Choisissez entre la demi-part ou la déduction des aides. Attention, n'ayez pas d'*a priori*: ce qui est vrai pour l'un ne l'est pas pour l'autre. Soyez attentif aux obligations relatives aux justificatifs. Faites une simulation avec les deux calculs et choisissez selon le résultat. N'oubliez pas qu'un enfant non compté à charge fiscalement peut vous faire perdre d'autres avantages… Pensez également au formalisme à respecter.

Il vient d'avoir dix-huit ans

Rappelons que pour apprécier l'âge à prendre en compte, on se place en principe au 1er janvier de l'année des revenus à déclarer. Ainsi, un enfant né le 20 juillet 1994 a fêté ses dix-huit ans le 20 juillet 2012, et peut être pris en compte par ses parents au titre des revenus de 2012 perçus jusqu'à sa majorité. Pour la période suivant sa majorité, l'enfant devenu majeur peut demander le rattachement au foyer fiscal des parents, qui comptent alors ses revenus annuels sur la déclaration.

Pour la première année de sa majorité, l'enfant majeur peut être rattaché au foyer fiscal de ses parents pour l'année entière.

L'enfant majeur de plus de vingt-cinq ans: le fisc reconnaît Tanguy

L'enfant ne peut plus opter pour le rattachement au foyer fiscal de ses parents, mais les parents peuvent déduire une pension alimentaire pour l'enfant majeur dans le besoin.

La possibilité de déduction va jusqu'à 5 698 euros pour les revenus 2012 par enfant. Si l'enfant est chargé de famille ou en couple, la limite de déduction est doublée.

L'enfant marié peut être rattaché à votre foyer

Quel que soit son âge, l'enfant marié ou pacsé est considéré comme ayant son propre foyer fiscal.

S'il est âgé de moins de vingt et un ans, ou de vingt-cinq ans s'il est étudiant, il peut demander que son ménage, le cas échéant avec enfants, soit rattaché au foyer fiscal de ses parents. Cette option, faite dans le délai de déclaration, doit être acceptée par le foyer fiscal de rattachement qui prend alors en compte les revenus du jeune couple.

L'avantage est un abattement sur le revenu imposable de 5 698 euros en 2012.

L'enfant handicapé : le fisc vous soutient

Outre les avantages liés aux enfants décrits ci-dessus, les enfants handicapés permettent dans certains cas de bénéficier d'une demi-part supplémentaire et d'une réduction d'impôt. Les mesures décrites dans cette partie sont spécifiques aux enfants, et peuvent être complétées par les informations relatives aux handicapés de tous âges qui sont abordées dans le chapitre suivant.

Demi-part, même au-delà de vingt-cinq ans

L'enfant handicapé non titulaire d'une carte d'invalidité donne droit à une demi-part, comme les autres enfants. L'enfant handicapé devenu majeur donne également droit à une demi-part, sauf dans le cas où il préfère déclarer de manière séparée (voir plus haut l'exemple sur le meilleur choix à faire). Si l'enfant majeur est marié ou pacsé, il peut demander son rattachement au foyer fiscal des parents, qui auront alors droit à un abattement.

L'enfant à charge titulaire d'une carte d'invalidité, qu'il soit mineur ou majeur célibataire, donne droit à une majoration d'une demi-part pouvant procurer une économie à hauteur maximale de 2 997 euros pour 2012. Au total, il donne donc droit à une part entière.

Si l'enfant est en garde alternée, l'avantage est divisé par deux. Le quart de part attaché à l'enfant réputé à charge égale des deux parents est plafonné à 1 498,50 euros.

Vérifiez si votre enfant handicapé peut bénéficier de la carte d'invalidité, afin notamment de pouvoir prétendre à la demi-part supplémentaire, et cochez la bonne case sur la déclaration. Le respect de ce formalisme est nécessaire pour obtenir ces aides fiscales.

Contrats prévoyant l'avenir de l'enfant : réductions d'impôt

Le fisc sait que la protection de l'avenir de votre enfant est capitale et que vous devez y songer tôt. Si vous souscrivez au profit d'un enfant handicapé à charge un contrat de « rente-survie » afin de lui garantir le versement d'un capital ou d'une rente viagère, vous bénéficiez d'une réduction d'impôt. Une réduction d'impôt est également applicable aux contrats d'« épargne-handicap » souscrits par la personne handicapée elle-même.

La réduction d'impôt est égale à 25 % des primes, dans la limite annuelle de 1 525 euros plus 300 euros par enfant à charge, pour l'ensemble des contrats rente-survie et épargne-handicap souscrits par les membres du foyer fiscal. Ainsi, si un couple marié verse une prime de 1 800 euros au titre d'un contrat de rente-survie, au profit de son enfant handicapé, la réduction est de (1 525 + 300) × 25 % = 456 euros au titre des revenus de l'année du versement (article 199 septies du CGI).

Pensez à demander à votre assureur l'attestation avec les mentions nécessaires, puis à la conserver dans votre dossier.

Personnes handicapées ou invalides : les aides du fisc

« J'ai déjà essayé de payer mes impôts avec le sourire.
Ils préfèrent un chèque »
Jean Yanne

Ce chapitre fait le point sur les mesures fiscales spécifiques aux personnes handicapées. Ces dispositions sont adaptées aux contraintes que subissent ces dernières tant au niveau de la perception de leurs revenus que des actes de la vie courante.

Votre foyer fiscal peut être élargi

En principe, le foyer fiscal de la personne handicapée donne droit à une part, comme pour tout le monde, à la différence près que quelques aménagements favorables sont prévus.

D'une part, une personne à charge titulaire de la carte d'invalidité, même non parente, peut être comprise dans le foyer fiscal de la famille chez qui elle vit. Elle ouvre alors droit à une part entière, étant entendu que ses revenus sont ajoutés à ceux de la famille qui l'accueille.

D'autre part, la demi-part pour parent isolé est accordée au parent invalide, même s'il ne vit pas seul.

Enfin, dans certains cas, une personne invalide peut bénéficier d'une demi-part supplémentaire, par exemple les titulaires de la carte d'invalidité, d'une pension d'invalidité pour accident du travail de 40 % au moins, les personnes souffrant d'une invalidité à 40 % au moins. Dans certains cas, les veuves des personnes concernées peuvent aussi bénéficier de cet avantage. Ainsi, pour pouvoir bénéficier d'une demi-part supplémentaire pour invalidité, vous devez être titulaire :

- d'une carte pour une invalidité au moins égale à 80 % ;
- ou d'une pension d'invalidité pour accident du travail de 40 % ou plus ;
- ou d'une pension militaire pour une invalidité de 40 % ou plus.

Vous pouvez bénéficier de la demi-part dès l'année où vous avez déposé votre demande de carte d'invalidité, à condition de pouvoir justifier qu'elle va être attribuée, faute de quoi vous devrez faire une déclaration rectificative.

L'avantage va jusqu'à 2 997 euros pour les revenus 2012 pour la demi-part additionnelle liée à l'invalidité de la personne à charge, en plus de sa demi-part retenue dans la limite générale de 2 000 euros pour les revenus 2012, soit un possible avantage en impôt de 5 253 euros pour les revenus 2012. N'oubliez pas de cocher la case de votre déclaration prévue à cet effet. Une réduction d'impôt complémentaire de 997 euros peut s'appliquer (article 197 I-2 alinéa 4 du CGI).

Vous bénéficiez d'aides adaptées

Équipez-vous : vous serez crédité

Les dépenses d'installation ou de remplacement d'équipements spécialement adaptés aux personnes handicapées, situés dans la résidence principale, donnent droit à un crédit d'impôt. Sont concernés les propriétaires, les locataires et les occupants à titre gratuit.

Sont visés notamment certains équipements sanitaires, de sécurité et d'accessibilité adaptés aux personnes handicapées tels que les mains courantes, appareils élévateurs, éviers et lavabos à hauteur réglable, baignoires à porte, surélévateurs de baignoire, siphons déviés, cabines de douche intégrales, bacs et portes de douche, sièges de douche muraux, W.-C. et surélévateurs de W.-C, barres de maintien ou d'appui, appuis ischiatiques, poignées de rappel de portes, poignées ou barres de tirage de porte, barres métalliques de protection, rampes fixes, systèmes de commande, de signalisation ou d'alerte, dispositifs de fermeture, d'ouverture ou systèmes de commande des installations électriques, d'eau, de gaz et de chauffage, mobiliers à hauteur réglable, revêtements de sol antidérapants, revêtements podotactiles, nez de marche, protections d'angle, revêtements de protection murale basse, boucles magnétiques, systèmes de transfert à demeure ou potences au plafond (article 18 ter de l'annexe IV du CGI)…

Il est nécessaire que les équipements soient fournis par la même entreprise, et qu'elle vous remette une facture détaillée.

Ouvrent également droit à un avantage fiscal les dépenses relatives aux travaux prescrits aux propriétaires par un plan de prévention des risques technologiques.

Un crédit d'impôt de 25 % s'applique au montant des dépenses relatives aux équipements spécialement conçus pour les personnes âgées ou handicapées. Le plafond des dépenses est de 5 000 euros pour une personne seule et 10 000 euros pour un couple marié ou pacsé. Le plafond est majoré de 400 euros par personne à charge. Il s'apprécie sur une période de cinq années civiles consécutives à l'intérieur de la période commençant le 1er janvier 2005 et se terminant le 31 décembre 2014. Le taux est de 30 % et le plafond est majoré pour les travaux prescrits par un plan de prévention des risques technologiques réalisés par une personne dans sa propre habitation principale : à compter de 2012, ces dépenses ouvrent droit à une majoration de 5 000 euros pour une personne seule et de 10 000 euros pour un couple soumis à imposition commune. Pour les dépenses à compter de 2013, le taux est porté à 40 % (article 200 quater A du CGI).

Ces avantages ont été prorogés pour les dépenses réalisées jusqu'en 2014. Pour la suite, qui vivra verra… Le fisc aime le suspens. On note avec regret que les dépenses d'acquisition d'ascenseurs électriques pour un immeuble collectif payées à partir du 1er janvier 2012 n'ouvrent plus droit à un crédit d'impôt.

La loi de finances pour 2013 précise que les dépenses de prévention des risques technologiques ne sont pas déductibles des revenus fonciers et ne font pas bénéficier du crédit d'impôt pour le développement durable.

La date de paiement de la dépense correspond à la date à laquelle est intervenu le règlement définitif de la facture. Un simple acompte n'est pas suffisant pour obtenir le crédit d'impôt.

Comment la date de vos travaux vous fait-elle économiser de l'impôt?

Juste Cekifo et son épouse, handicapée, ont fait réaliser en 2010 dans leur habitation principale des dépenses d'équipement destinées à leur faciliter les déplacements, notamment dans leur salle de bain, pour un montant de 9 000 euros. Par ailleurs, ils ont été contraints de réaliser des travaux prescrits par un plan de prévention des risques technologiques pour un montant de 8 000 euros. Ils ont fait ces dernières dépenses en 2012.

Ils peuvent bénéficier en 2012 d'un crédit d'impôt sur le montant total des travaux réalisés en 2012, soit 8 000 euros. En effet, comme à compter de 2012 ce plafond a été majoré, le montant total de leurs dépenses sur une période de cinq ans, soit 9 000 euros + 8 000 euros = 17 000 euros, est inférieur au nouveau plafond auquel ils ont droit en 2012, soit 10 000 euros augmentés de 10 000 euros, c'est-à-dire 20 000 euros.

Jeanne et Jean Kipétro ont fait les mêmes dépenses, mais ont réalisé les travaux imposés par le plan de prévention des risques dès 2011. Malheureusement pour eux, ils n'ont pu retenir que le plafond existant pour les dépenses réalisées avant 2012 qui ne prévoyait pas de majoration, ce qui faisait seulement 10 000 euros. Ils ont perdu une opportunité d'économiser 30 % de 7 000 euros, soit 2 100 euros.

Toutefois, il est vrai que, sans boule de cristal, il était impossible de prendre la décision de différer les dépenses en cause en vue d'une optimisation fiscale…

Une hospitalisation de longue durée peut réduire vos impôts

Les personnes qui font un séjour dans un établissement d'héberge-ment des personnes âgées ou dépendantes, ou dans une section de soins de longue durée d'un établissement de santé ont droit à une réduction d'impôt.

L'économie réalisée se chiffre jusqu'à 2 500 euros par personne concernée (5 000 euros pour un couple) : 25 % des dépenses, retenues jusqu'à 10 000 euros par an et par personne hébergée, même si l'hébergement ne dure pas une année entière (article 199 quindecies du CGI).

Des impôts allégés

Impôt sur le revenu

Certains de vos revenus sont exonérés

Sont en particulier exonérées l'allocation de logement ainsi que l'aide personnalisée au logement, l'allocation aux adultes handicapés, la prestation de compensation du handicap, etc. Sont également exo-nérés les revenus sous forme de dommages et intérêts perçus suite à une condamnation judiciaire, par exemple après un accident.

Compte tenu des nombreuses dérogations possibles, ne considérez pas automatique-ment que vos revenus sont intégralement taxables ou exonérés. Pensez à vérifier le caractère imposable de chaque somme perçue auprès de l'organisme qui les verse.

Un abattement spécial peut être appliqué sur le revenu global des per-sonnes titulaires d'une carte d'invalidité à revenu modeste.

Il s'élève à 2 311 euros si votre revenu net 2012 n'excède pas 14 220 euros, 1 156 euros si votre revenu net global est compris entre 14 220 euros et 22 930 euros.

Allégez-vous par l'emploi d'une personne à domicile

L'avantage accordé en cas d'emploi d'une personne à domicile par ou pour une personne invalide augmente.

En effet, en présence d'une personne invalide, l'avantage est porté à 50 % de 20 000 euros, soit 10 000 euros.

Pensez-y en cas de recours aux services d'assistance aux personnes handicapées ou de garde-malade.

Réduisez vos impôts en souscrivant un contrat d'«épargne-handicap»

Le contrat d'«épargne-handicap», qui garantit à l'assuré atteint d'une infirmité le versement d'une somme en capital ou sous forme de rente viagère, donne droit à une réduction d'impôt.

Ici, la réduction d'impôt égale 25 % du montant des primes versées chaque année retenues dans la limite de 1 525 euros, plus 300 euros par enfant à charge. La limite s'applique à l'ensemble des contrats de «rente-survie» et d'«épargne-handicap» souscrits par les membres de votre foyer fiscal. Ainsi, si les parents d'un enfant handicapé versent une prime de 1 200 euros sur un contrat de «rente-survie» et que leur enfant handicapé à charge verse 600 euros sur un contrat d'«épargne-handicap», la réduction d'impôt est de (1 525 + 300) × 25 % = 456 euros (article 199 septies du CGI).

N'oubliez pas de demander les justificatifs à l'organisme d'assurance.

Exonération de la plus-value sur la résidence principale: votre délai de cession est rallongé

À compter du 30 décembre 2011, les personnes handicapées, non soumises à l'ISF l'avant-dernière année précédant la cession et qui quittent leur domicile pour aller vivre dans un établissement d'accueil spécialisé (foyer d'accueil médicalisé, foyer de vie, etc.), peuvent bénéficier d'une exonération de la plus-value réalisée sur la cession de la résidence principale dans les deux ans après l'avoir quittée. Leur revenu à la date de cession ne doit pas excéder 23 572 euros pour la première part, et 5 507 euros pour chaque demi-part supplémentaire (article 150 U II-1'ter du CGI).

Exonération sur les plus-values immobilières en cas de revenu modeste

Les personnes titulaires d'une carte d'invalidité ne sont pas imposables sur leurs plus-values immobilières, à condition de ne pas être redevables de l'ISF et d'avoir un revenu modeste, c'est-à-dire pour 2012 ne dépassant pas 10 224 euros pour la première part de quotient familial et 2 730 euros pour chaque demi-part supplémentaire (article 150 U III du CGI).

Impôts locaux

Taxe foncière : vérifiez vos droits à exonération

Peuvent bénéficier d'une exonération de taxe foncière sur la résidence principale les bénéficiaires de l'allocation supplémentaire d'invalidité, ou de l'allocation aux adultes handicapés dont les revenus de l'année précédente sont modestes, c'est-à-dire ne dépassent pas en métropole en 2012 la somme de 10 224 euros pour la première part de quotient familial et 2 730 euros pour chaque demi-part supplémentaire (articles 1390, 1391 et 1391 B du CGI).

Pensez à informer votre centre des impôts qui n'est pas nécessairement au courant des détails de votre situation personnelle. Si vous ne connaissiez pas cet avantage, n'hésitez pas à déposer auprès de votre service des impôts une réclamation pour le passé. Vous disposez d'un bref délai pour le faire à titre contentieux, c'est-à-dire avec une obligation pour le fisc de vous satisfaire si vous remplissez les conditions. Si vous avez dépassé le délai, vous pouvez aussi essayer de le demander à titre gracieux. Le fisc sait se montrer compréhensif. Le sujet des réclamations est abordé en cinquième partie, avec un modèle donné en annexe.

Taxe d'habitation : vous pouvez demander des réductions, voire une exonération

Une exonération totale de taxe d'habitation est possible sous conditions, notamment de revenus. Elle est réservée aux personnes titulaires de l'allocation aux adultes handicapés, aux personnes invalides ou infirmes ne pouvant pas subvenir à leurs besoins par le travail, ou de l'allocation supplémentaire d'invalidité. Les personnes titulaires de la carte d'invalidité, de l'allocation supplémentaire d'invalidité, ou de l'allocation aux adultes handicapés peuvent, selon les communes où elles habitent, bénéficier d'un abattement supplémentaire de 10 % de la valeur locative moyenne de la commune.

Pensez à demander au service des impôts le bénéfice de cet abattement avant le 1er janvier de l'année d'imposition, en fournissant tous les justificatifs utiles qui vous seront précisés. Le revenu fiscal de référence ne doit pas excéder en métropole 10 224 euros pour la première part de quotient familial majorée de 2 730 euros pour chaque demi-part supplémentaire retenue pour le calcul de l'impôt sur le revenu dû au titre de 2012.

Si vous n'avez pas droit à cette exonération, vous avez peut-être droit à une réduction de votre taxe d'habitation si vos revenus ne dépassent pas certaines limites : le revenu fiscal de référence ne doit pas excéder en métropole 24 043 euros pour la première part de quotient familial majorée de 5 617 euros pour la première demi-part et de 4 421 euros à compter de la deuxième demi-part supplémentaire. Vérifiez avec votre interlocuteur des impôts.

Le dégrèvement pour plafonnement du revenu est égal à la fraction de la taxe d'habitation qui excède 3,44 % des revenus diminués d'un abattement de 5 215 euros pour la première part majorés de 1 508 euros pour chacune des quatre premières demi-parts et 2 666 euros pour les demi-parts suivantes (article 1414 du CGI).

Abattement supplémentaire des droits de succession

Outre les autres abattements sur les successions (décrits au chapitre 14 de la troisième partie), les handicapés bénéficient d'un abattement spécifique, fixé pour 2012 à 159 325 euros. Ainsi, en cas d'héritage d'un de ses parents de 300 000 euros, une personne handicapée bénéficie d'un premier abattement de 159 325 euros, qui se cumule avec l'abattement de 100 000 euros applicable en tant que descendant en ligne directe : aucun droit de succession n'est donc dû.

En présence d'une personne handicapée, frère ou sœur du défunt, pensez à vérifier avec le notaire s'il ne peut pas bénéficier de l'exonération réservée aux personnes handicapées ayant vécu avec la personne défunte. Tenez informé votre notaire du handicap.

TVA : vous bénéficiez d'un champ d'application du taux réduit plus large

Comme cela a été précisé en début de ce guide, un deuxième taux réduit de 7 % est appliqué depuis 2012. Pour les besoins des personnes handicapées, le taux réduit de 5,5 % est maintenu pour un certain nombre de produits et services.

Continuent ainsi à bénéficier du taux de 5,5 % après le 1er janvier 2012 les appareillages et équipements spéciaux pour handicapés répondant à des normes techniques précises, notamment en vue de la compensation d'incapacités graves, les ascenseurs et matériels assimilés spécialement conçus pour les personnes handicapées.

Les prestations de logement et de nourriture fournies dans les maisons de retraite et les établissements pour personnes handicapées, ainsi que les prestations liées à l'état de dépendance ou au besoin d'aide de ces personnes relèvent du taux de 5,5 %. Certains établissements sont même situés en dehors du champ d'application ou exonérés de la TVA.

Le taux de 5,5 % vise aussi les prestations de services à domicile exclusivement liées aux gestes essentiels de la vie quotidienne des personnes handicapées et des personnes âgées dépendantes qui sont réalisés par les organismes agréés.

Au regard de ce sujet, on considère comme personne âgée quelqu'un ayant au moins soixante ans, et comme personne dépendante quelqu'un qui est atteint d'une pathologie chronique invalidante ou présentant une affection l'empêchant d'accomplir les actes ordinaires de la vie quotidienne. Les services liés aux actes essentiels de la vie quotidienne sont par exemple l'aide aux déplacements, à la toilette, à l'habillage, à l'alimentation, le soutien pour les activités intellectuelles. En cas de besoin, renseignez-vous sur le taux applicable. Selon leur finalité, les services rendus peuvent bénéficier soit du taux de 5,5 % soit de celui de 7 %. Si un même organisme vous facture deux types de services, par exemple une prestation de jardinage et une prestation d'habillage, veillez à faire ventiler les prestations selon leur taux, sinon le taux de 7 % sera appliqué à l'ensemble des services facturés.

Vous accueillez une personne handicapée

Vous pouvez compter à charge fiscalement la personne titulaire de la carte d'invalidité (taux d'incapacité égal ou supérieur à 80 %) qui vit sous votre toit. Aucune condition de parenté, d'âge ou de revenu n'est exigée. Vous ajoutez alors à votre propre revenu imposable celui de la personne invalide. La personne handicapée peut être rattachée fiscalement à votre foyer fiscal dès l'année au cours de laquelle elle a demandé la carte d'invalidité.

Chapitre **5**

Personnes âgées : les coups de pouce

> *« Il y a une chose pire que de payer l'impôt sur le revenu,*
> *c'est de ne pas en payer »*
> **Lord Dewar**

Revenus : triez-les en vue d'identifier les allégements

Les pensions de retraite ou rentes viagères sont en principe taxables, mais il existe des exceptions.

Vérifiez si les sommes que vous percevez de différents organismes sont imposables. N'hésitez pas à interroger l'organisme qui les verse ou même, en cas de doute, votre centre des impôts.

À titre d'exemple, sont en principe affranchies de l'impôt les majorations de retraite ou de pensions du régime pour charges de famille, les pensions de vieillesse et pension d'invalidité ne dépassant pas un montant plafonné servies aux assurés sociaux, les allocations aux vieux travailleurs salariés et les allocations supplémentaires du fonds solidarité vieillesse, les allocations de solidarité aux personnes âgées et les allocations supplémentaires d'invalidité, certaines pensions militaires, etc.

Exonérations : améliorez votre vision des avantages

Impôt sur le revenu

Outre les cas de handicap, certaines personnes comme les victimes de guerre, les anciens combattants âgés de plus de soixante-quinze ans, les veuves âgées de plus de soixante-quinze ans d'une personne titulaire de la carte du combattant, ou encore les titulaires d'une pension de veuve de guerre peuvent bénéficier d'une demi-part supplémentaire, avec un avantage pouvant atteindre 2 997 euros.

Pour les personnes âgées de plus de soixante-cinq ans, la limite d'exonération d'impôt sur le revenu est portée de 8 610 euros, qui est celle applicable pour les personnes âgées de moins de soixante-cinq ans, à 9 410 euros.

Un abattement sur le revenu pour les plus de soixante-cinq ans

Les personnes âgées de plus de soixante-cinq ans bénéficient dans certains cas d'un abattement sur le revenu imposable annuel.

Il s'élève à 2 311 euros si votre revenu net 2012 n'excède pas 14 510 euros, 1 156 euros si votre revenu net global 2012 est compris entre 14 510 euros et 23 390 euros. L'avantage est doublé si votre conjoint est également âgé de plus de soixante-cinq ans.

Inutile de faire des coquetteries sur votre âge lorsque vous remplissez votre déclaration afin que le centre des impôts puisse calculer automatiquement l'abattement…

Réduction d'impôt en cas de résidence dans un établissement spécialisé

Si, en raison de votre état de santé, vous devez résider dans un établissement agréé hébergeant des personnes âgées dépendantes (maison de retraite, foyer, etc.), il est possible de bénéficier d'une réduction d'impôt.

La réduction est de 25 % des sommes payées retenues dans la limite annuelle de 10 000 euros par personne concernée, soit une réduction pouvant aller jusqu'à 2 500 euros, ou 5 000 euros pour un couple (article 199 quindecies du CGI).

Crédit d'impôt pour dépenses d'équipement ou liées à un plan de prévention des risques

Comme les personnes handicapées, vous pouvez bénéficier d'un crédit d'impôt pour les dépenses d'équipement sanitaire, ou de sécurité ou d'accessibilité, adaptées à vos contraintes, ou pour les dépenses imposées aux propriétaires dans le cadre d'un plan de prévention des risques.

Un crédit d'impôt de 25 % s'applique au montant des dépenses relatives aux équipements spécialement conçus pour les personnes âgées. Le plafond des dépenses est de 5 000 euros pour une personne seule et 10 000 euros pour un couple marié ou pacsé. Le plafond est majoré de 400 euros par personne à charge. Il s'apprécie sur une période de cinq années civiles consécutives à l'intérieur de la période commençant le 1er janvier 2005 et se terminant le 31 décembre 2014. Le taux est de 30 % et le plafond est majoré pour les travaux prescrits par un plan de prévention des risques technologiques réalisés par une personne dans sa propre habitation principale : à compter de 2012, ces dépenses ouvrent droit à une majoration de 5 000 euros pour une personne seule et de 10 000 euros pour un couple soumis à imposition commune (article 200 quater A du CGI).

Comment la date de vos travaux vous fait-elle économiser de l'impôt ?

Juste Cekifo et son épouse, âgés, ont fait réaliser en 2011 dans leur habitation principale des dépenses d'équipements destinés à leur faciliter les déplacements notamment dans leur salle de bain pour un montant de 9 000 euros. Par ailleurs, ils ont été contraints de réaliser des travaux prescrits par un plan de prévention des risques technologiques pour un montant de 8 000 euros. Ils ont fait ces dernières dépenses en 2012.

Ils pourront bénéficier en 2012 d'un crédit d'impôt sur le montant total des travaux réalisés en 2012, soit 8 000 euros. En effet, comme à compter de 2012 ce plafond a été majoré, le montant total de leurs dépenses sur une période de cinq ans, soit 9 000 euros + 8 000 euros = 17 000 euros, est inférieur au nouveau plafond auquel ils ont droit en 2012, qui est de 10 000 euros augmentés de 10 000 euros, soit 20 000 euros.

Jeanne et Jean Kipétro ont fait les mêmes dépenses, mais réalisé les travaux imposés par le plan de prévention des risques en 2011. Malheureusement pour eux, ils n'ont pu retenir que le plafond existant pour les dépenses réalisées avant 2012 qui ne prévoyait pas de majoration, soit 10 000 euros seulement. Ils ont donc perdu une opportunité d'économiser 30 % de 7 000 euros, soit 2 100 euros. Mais sans boule de cristal, impossible de prendre la décision de différer les dépenses en cause…

Pour en savoir plus, rendez-vous sur le site www.impots.gouv.fr.

Allégez-vous par l'emploi d'une personne à domicile

L'avantage accordé en cas d'emploi d'une personne à domicile par ou pour une personne âgée augmente.

En effet, le plafond des dépenses à prendre en compte est rehaussé de 1 500 euros par personne membre du foyer fiscal âgée de plus de soixante-cinq ans. Le détail de ces dispositions est exposé dans le chapitre 7 de la deuxième partie.

Pensez-y en cas de recours à des services d'assistance aux personnes âgées ou de garde-malade.

Exonération sur les plus-values immobilières en cas de revenu modeste

Les retraités ne sont pas imposables sur leurs plus-values immobilières s'ils ne sont pas passibles de l'ISF, et si leur revenu 2012 en métropole ne dépasse pas 10 224 euros pour la première part et 2 730 euros pour chaque demi-part supplémentaire (article 150 U III du CGI).

Exonération de la plus-value sur la résidence principale pendant deux ans

Les personnes retraitées non soumises à l'ISF l'avant-dernière année précédant la cession et qui quittent leur domicile pour aller vivre dans un établissement d'accueil spécialisé (maison de retraite, foyer d'accueil médicalisé, etc.) peuvent bénéficier d'une exonération de la plus-value réalisée sur la cession de la résidence principale dans les deux ans après l'avoir quittée. Leur revenu à la date de cession ne doit pas excéder 23 572 euros pour la première part, et 5 507 euros pour chaque demi-part supplémentaire (article 150 U II-1°ter du CGI).

Des économies de taxe foncière si vous disposez de revenus modestes

Certaines personnes âgées peuvent être exonérées de la taxe foncière sur leur habitation principale. Il s'agit notamment des titulaires de l'allocation de solidarité aux personnes âgées, des redevables âgés de plus de soixante-quinze ans au 1er janvier de l'année de l'imposition, dont les revenus de l'année précédente n'excèdent pas le seuil des revenus modestes, c'est-à-dire ne dépassant pas en métropole, en 2012, 10 224 euros pour la première part et 2 730 euros pour chaque demi-part supplémentaire. Un dégrèvement de 100 euros peut être appliqué aux personnes âgées de moins de soixante-quinze ans et de plus de soixante-cinq ans ne dépassant pas le même seuil. Il faut en principe vivre seul ou en couple, ou avec des personnes à charge.

Pensez à vérifier si vous n'entrez pas dans l'un des cas d'exonération.

Si vous avez plus de soixante-quinze ans, vous pouvez peut-être également bénéficier de cette exonération pour votre résidence secondaire. Contrairement à l'exonération de l'habitation principale qui est en principe appliquée automatiquement, il faut en faire la demande auprès de votre centre des impôts.

Taxe d'habitation et contribution à l'audiovisuel public

Une exonération totale de taxe d'habitation, et donc de contribution à l'audiovisuel public, est possible sous conditions d'âge et de revenus. Elle est réservée aux titulaires de l'allocation de solidarité aux personnes âgées ou de l'allocation supplémentaire d'invalidité, aux personnes atteintes d'une invalidité ou d'une infirmité reconnue, aux personnes accueillant sous leur toit un enfant invalide ou infirme, aux personnes âgées de plus de soixante ans ou encore aux veufs ou aux veuves, non passible de l'ISF, qui disposent de revenus modestes, c'est-à-dire ne dépassant pas en métropole, en 2012, 10 224 euros pour la première part et 2 730 euros pour chaque demi-part supplémentaire. Il faut en principe vivre seul ou en couple, ou avec des personnes à charge.

Pensez à demander au service des impôts le bénéfice de cet abattement avant le 1er janvier de l'année d'imposition, en fournissant tous les justificatifs utiles qui vous seront précisés.

Si vous n'avez pas droit à cette exonération, vous pouvez bénéficier d'une réduction de votre taxe d'habitation si vos revenus ne dépassent pas certaines limites : le revenu fiscal de référence ne doit pas excéder en métropole 24 043 euros pour la première part de quotient familial majorée de 5 617 euros pour la première demi-part, et de 4 421 euros à compter de la deuxième demi-part supplémentaire.

Le dégrèvemen pour plafonnement du revenu est égal à la fraction de la taxe d'habitation qui excède 3,44 % des revenus diminués d'un abattement de 5 113 euros pour la première part majorés de 1 478 euros pour chacune des quatre premières demi-parts, et 2 614 euros pour les demi-parts suivantes.

Les personnes âgées qui s'installent durablement dans une maison de retraite ou un établissement spécialisé peuvent conserver leurs avantages en matière de taxe d'habitation si leur logement reste libre d'occupation.

Une exonération de la contribution à l'audiovisuel public est accordée aux personnes âgées d'au moins soixante et onze ans bien que redevables de la taxe d'habitation, mais non imposables à l'impôt sur le revenu, non passibles de l'ISF, et occupant leur logement seules ou avec leur conjoint, ou avec une personne à charge ou titulaire de l'allocation de solidarité aux personnes âgées ou de l'allocation supplémentaire d'invalidité.

Pensez à vérifier auprès de votre centre des impôts si vous remplissez les conditions pour pouvoir demander le dégrèvement correspondant, et le cas échéant, pensez à le demander.

Aidez vos parents avec la bénédiction du fisc

Pour l'impôt sur le revenu, déduisez le versement d'une aide à vos parents

Le fisc vous aide si vous aidez vos ascendants. Une pension alimentaire versée en nature ou en espèces, ou par prise en charge de dépenses (frais médicaux, frais de maison de retraite), est déductible si elle présente un caractère alimentaire. Votre parent doit être dans le besoin (insuffisance de ressources pour la nourriture, l'habillement, le logement et les soins médicaux) et vos propres ressources doivent être suffisantes. La notion de besoin peut être subjective. Elle doit répondre aux impératifs fixés par les textes. Si vous avez des doutes sur l'état de besoin de votre parent, n'hésitez pas à contacter votre service des impôts afin de lui demander un avis écrit sur votre situation.

Si la personne vit avec vous, il est possible, sous conditions de revenus de cette personne, de déduire une somme forfaitaire de 3 359 euros pour les revenus 2012. Vous pouvez choisir de déduire un montant plus élevé, mais raisonnable, des frais réels sur justificatifs.

Si vous avez recueilli une personne âgée de plus de soixante-quinze ans qui n'est pas un ascendant, mais par exemple un frère ou un oncle ou une personne étrangère dans le besoin, une déduction de 3 359 euros pour les revenus 2012 est également possible, cette fois sur justificatifs.

Si vous employez un salarié qui travaille au domicile d'un ascendant, vous pouvez également bénéficier d'une réduction d'impôt si votre parent touche l'allocation personnalisée d'autonomie (APA).

N'oubliez pas de joindre la copie de la carte d'invalidité avec les justificatifs décrits au chapitre 7 de la deuxième partie («Faites-vous aider à domicile», page 77). Dans ce cas, vous devez renoncer à déduire une pension alimentaire au titre des dépenses faites au bénéfice de cet ascendant.

Vous accueillez un de vos parents : abattement possible pour la taxe d'habitation

Si vous accueillez sous votre toit un parent ou un grand-parent âgé de plus de soixante-dix ans ou infirme et ayant des revenus modestes, vous pouvez bénéficier d'un abattement sur la taxe d'habitation.

Chapitre 6

Décès : le dernier geste du fisc

*« Chaque contribuable est quelqu'un qui travaille au profit du gouvernement
sans être astreint à passer les concours de fonctionnaires. »*
Ronald Reagan

Formalités fiscales : encore incontournables

L'impôt est calculé sur les revenus dont a disposé le défunt l'année
de son décès, et des derniers bénéfices professionnels réalisés. Les
charges de famille à retenir pour le foyer fiscal sont celles existant soit
au 1er janvier de l'année du décès, soit à la date du décès lorsque cela
est plus avantageux.

Veuvage : deux déclarations avec un quotient maintenu

Lorsque le défunt était marié ou partenaire d'un pacs, deux déclarations sont à déposer l'année du décès. L'une concerne la période du
1er janvier à la date du décès avec les revenus du couple. L'autre va
de la date du décès au 31 décembre, pour les revenus personnels du
conjoint ou partenaire survivant.

L'année du décès, pour sa déclaration personnelle, le conjoint ou partenaire survivant bénéficie du même nombre de parts qu'avant le décès. Pour les deux déclarations, les charges de famille retenues sont celles au 1ᵉʳ janvier ou au 31 décembre selon ce qui est le plus avantageux.

Un enfant né et décédé dans la même année est compté à charge pour l'année.

Vous n'avez pas de taxe d'habitation à payer si vous êtes veuf ou veuve et si votre revenu fiscal de référence 2012 n'excède pas en métropole 10 224 euros pour la première part de quotient familial, majorée de 2 730 euros par demi-part supplémentaire. Il ne faut pas être passible de l'ISF (article 1414 I et IV du CGI).

Une déclaration de succession est déposée par les héritiers, donataires ou légataires, en principe dans les six mois du décès ayant eu lieu en France, douze mois dans les autres cas.

Des délais spéciaux sont prévus, notamment en cas de procédure entre les successibles.

La déclaration est déposée au service des impôts du domicile du défunt qui était domicilié en France, à la recette des non-résidents si le défunt était domicilié à l'étranger.

Sur le plan juridique, le conjoint survivant ou le partenaire pacsé a notamment un droit au logement.

Le chapitre sur les successions vous donne les informations essentielles, mais n'hésitez pas à prendre rapidement conseil auprès de votre notaire.

Votre quotidien : les carottes fiscales pour un meilleur revenu disponible

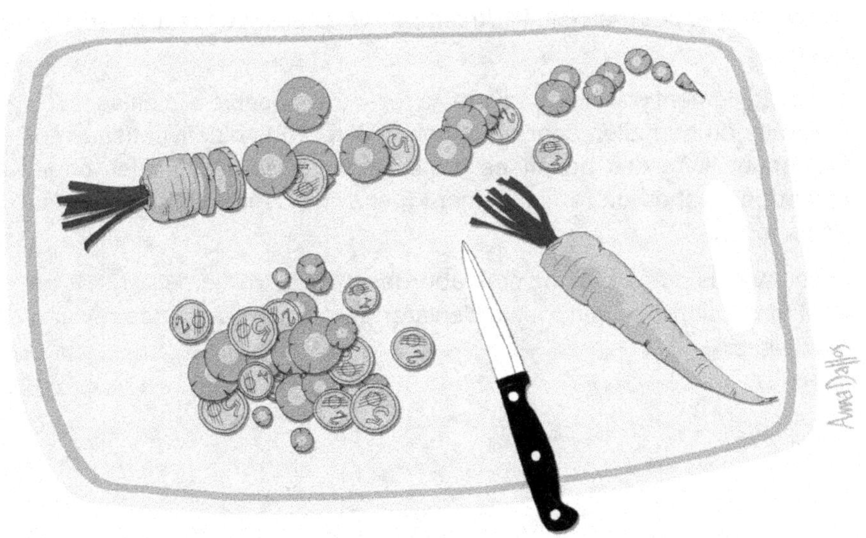

La première partie de cet ouvrage cherche à optimiser l'impôt en s'attardant sur les choix possibles liés à la composition du foyer fiscal. Cette deuxième partie aborde l'amélioration du revenu disponible pour le quotidien. Il s'agit de voir, d'une part, comment baisser la base d'imposition en diminuant les revenus taxables et en augmentant les déductions possibles, et, d'autre part, comment atténuer l'impôt lui-même en faisant la chasse aux crédits d'impôts.

À chaque revenu ou dépense du quotidien correspond au minimum un impôt. Ainsi, par exemple, même lorsque vous achetez votre baguette de pain quotidienne, vous payez un impôt : la TVA. Afin de favoriser certains secteurs, le législateur a pour habitude d'utiliser l'impôt pour faire baisser le prix de certains biens ou services. L'économie peut être immédiate ou se traduire par une ristourne à valoir sur l'impôt à payer. Dépensez malin au fil du temps et des politiques qui se succèdent.

Il est également possible d'ajuster le revenu imposable à la baisse. Les revenus du quotidien sont en général les revenus d'activité (salaires, exception faite des bénéfices professionnels réalisés par les chefs d'entreprises) ou de remplacement (pensions de retraite, indemnités de chômage).

Les revenus du patrimoine sont abordés dans la troisième partie. Une petite révision des sommes à déclarer peut vous aider à les revoir à la baisse.

Chapitre 7

Vos dépenses : les cadeaux bonus

« Le contribuable qui fait sa déclaration ressemble à une jeune fille qui arrive sur la plage. Il commence par retirer tout ce qui est permis et, si on ne le surveille pas, il en retire encore un peu plus »
Jean Delacour

Pas le temps, ni le savoir-faire ? Faites-vous aider à domicile, le fisc vous aidera

Afin de relancer l'emploi et lutter contre le travail clandestin, le fisc a mis en place un système d'aide pour l'emploi des personnes à domicile qui permet de bénéficier d'une diminution de l'impôt sur le revenu. Les contribuables utilisant à titre privé dans leur résidence en France les services d'employés déclarés bénéficient en effet de deux alternatives. La première est un crédit d'impôt si la personne seule ou les deux personnes mariées ou pacsées exercent une activité professionnelle ou sont inscrites sur la liste des demandeurs d'emploi pendant trois mois minimum dans l'année considérée. La seconde est une réduction d'impôt lorsque ces conditions ne sont pas remplies, par exemple s'il s'agit de retraités.

Pourquoi et comment ?

Profitez-en, ce système vise les services qui peuvent répondre aux besoins courants des personnes et des familles et qui sont rendus à leur domicile personnel : travaux ménagers, garde d'enfants, soutien scolaire, petits travaux de jardinage, homme toutes mains, assistance informatique, assistance aux personnes âgées ou handicapées, etc. Une aide appréciable au quotidien !

Vous pouvez employer directement la personne que vous déclarez à l'Urssaf. Pour cela, rendez-vous sur le site www.urssaf.fr, espace particuliers.

Pourquoi ne pas choisir de payer votre salarié au moyen des chèques emploi service universel (CESU) ? Cela est vraiment pratique et vous évite de remplir des bulletins de salaires. L'autre solution, encore plus facile, mais parfois plus coûteuse, consiste à recourir à un organisme agréé qui vous facture les services.

N'oubliez pas de joindre à votre déclaration de revenus l'attestation adressée par l'Urssaf ou le récapitulatif des dépenses de l'année établi par l'organisme, ou si vous déclarez par internet de désigner en ligne les bénéficiaires.

Économies conséquentes

＊L'économie représente 50 % des dépenses, avec un plafond des dépenses retenues important. Un coup de pouce de taille pour alléger ses tâches et sa feuille d'impôts (article 199 sexdecies du CGI)...

Vous obtenez une réduction d'impôt de 50 % du montant de votre dépense. La base de calcul est égale soit à la somme des salaires et cotisations sociales salariales et patronales versées, soit au montant annuel facturé par l'organisme. Sont déduites de la base les aides reçues pour l'emploi à domicile.

Dans le cas général, le montant des dépenses prises en compte peut aller jusqu'à 12 000 euros. Ce montant est rehaussé de 1 500 euros par enfant à charge et par membre du foyer fiscal âgé de plus de 65 ans, avec une limite globale qui est tout de même de 15 000 euros. L'avantage en impôt peut donc atteindre 7 500 euros, ce qui est conséquent.

Le fisc veut vous pousser à embaucher. La première année, les limites sont augmentées de 3 000 euros, ce qui porte l'avantage maximal à 50 % de 18 000 euros, soit 9 000 euros. Comme indiqué au chapitre 4 de la première partie qui y est consacré, le plafond est porté à 20 000 euros pour les personnes handicapées ou pour celles ayant à charge une personne invalide. Le fisc est moins généreux et revoit les limites à la baisse pour les dépenses de jardinage (3 000 euros), de petit bricolage (500 euros), et d'informatique (1 000 euros).

Les services d'aide à la personne rendus par les entreprises agréées peuvent bénéficier du taux réduit de la TVA, voire d'une exonération pour les services rendus par certaines associations. Renseignez-vous et comparez les prix, car la TVA est une charge supplémentaire qui peut faire la différence.

Votre habitation : des niches fiscales

C'est une source importante d'économies pour plusieurs impôts : impôt sur le revenu, TVA, ISF, etc. Certaines dépenses pour la maison sont sponsorisées par le fisc. Nous avons déjà vu que certains équipements adaptés aux personnes âgées ou handicapées ouvraient droit à un crédit d'impôt. Nous faisons ici le point sur les autres dépenses relatives à votre habitation, sachant que l'achat même de la maison présente de nombreux atouts sur le plan fiscal (abordés au chapitre 12 de la troisième partie). Votre meilleur placement : la résidence principale.

Équipez durable : le fisc apprécie votre « développement »

Que vous soyez locataire ou propriétaire de votre résidence principale, le fisc récompense vos efforts pour le développement durable, qui, n'en doutons pas, l'aident à remplir ses propres engagements... Vous êtes favorisé si vous faites plusieurs sortes de travaux.

Les bailleurs en profitent aussi pour les logements achevés depuis plus de deux ans et loués nus à usage d'habitation pendant au moins cinq ans à des personnes autres qu'un membre de leur foyer fiscal. Ces dépenses ne sont alors pas déduites des revenus fonciers.

En limitant les notes de chauffage ou d'eau, vous profitez simultanément d'une diminution de vos impôts. L'effet de levier fiscal est possible avec la fourniture des éléments suivants.

Dans des logements de plus de deux ans, il peut s'agir de chaudières à condensation, de pose de matériaux d'isolation thermique, et d'appareils de régulation de chauffage, de diagnostic non obligatoire de performance énergétique.

Dans des logements acquis neufs ou lors de travaux dans des logements achevés, il peut s'agir d'équipements de récupération et traitement des eaux fluviales, de production d'énergie utilisant une source d'énergie renouvelable ou des pompes à chaleur autres qu'air/air, des équipements de raccordement à un réseau de chaleur alimenté essentiellement par des énergies renouvelables ou par une installation de cogénération.

Pour en bénéficier, passez par un professionnel, vérifiez avec lui que les normes prévues sont exactement respectées, et faites détailler la facture afin d'identifier le prix des équipements ouvrant droit au crédit d'impôt. Certains artisans n'ont pas le temps de s'informer sur le formalisme à respecter ou sur la liste des dépenses possibles pour faire bénéficier leurs clients des avantages fiscaux. Aussi convient-il d'être scrupuleux sur le formalisme à adopter.

Attention, la liste des équipements concernés est régulièrement modifiée selon l'évolution des matériels. Validez votre choix sur le site www.

impots.gouv.fr, qui donne tous les détails, en particulier sur les critères de performance requis, les justificatifs à fournir, et les dates de réalisation des investissements. Les taux applicables aux dépenses à compter de 2012 ont été revus à la baisse, avant de subir la réduction générale de 15 %. Dépêchez-vous d'en profiter avant une possible complète disparition.

✳ Le crédit d'impôt varie selon la nature de l'équipement et les dates d'achèvement de l'habitation et de réalisation de la dépense, de 25 % à 50 % du prix des matériaux et équipements. Si vous occupez votre logement, le montant des dépenses est plafonné à 8 000 euros pour une personne seule, et à 16 000 euros pour un couple marié ou pacsé, majorés de 400 euros par personne à charge (200 euros par enfant en cas de garde alternée). Le plafond s'apprécie sur une période de cinq ans. Cette économie est prévue pour les dépenses jusqu'en 2012, ou en 2015 pour les dépenses afférentes à des logements de plus deux ans. Si vous êtes bailleur, le plafond est de 8 000 euros par logement sur la période du 1er janvier 2009 au 31 décembre 2015, sans pouvoir dépasser trois logements par foyer fiscal (article 200 quater du CGI).

Citons pour mémoire les taux suivants, sous réserve de nouvelles modifications ou de détails non repris dans ce guide :

– Chaudière à micro cogénérateur gaz acquise entre 2012 et 2015 (puissance inférieure à 3 kilovolts ampères par logement) pour un logement de plus de deux ans : 17 % pour 2012.

– Chaudière à condensation, isolation thermique des parois vitrées, volet isolant, porte d'entrée : 10 % pour 2012. Attention, pour les dépenses d'acquisition de matériaux d'isolation thermique, de parois vitrées, de volets isolants ou de portes d'entrée, la réalisation concomitante d'autres dépenses est désormais exigée pour les maisons individuelles.

– Isolation thermique des parois opaques avec un plafond supplémentaire par mètre carré pour les dépenses payées à compter de 2011, matériaux de calorifugeage, appareils de régulation de chauffage, pompe à chaleur autre qu'air/air dont la finalité essentielle est la production de chaleur (sauf pompe à chaleur géothermique), équipement de raccordement à un réseau de chaleur, équipement de récupération et de traitement des eaux de pluie, etc. : 15 % pour 2012.

– Panneaux photovoltaïques : 11 % pour 2012

– Équipements de chauffage ou de production d'eau chaude au bois ou autres biomasses tels que les poêles ou inserts de cheminée : de 15 à 26 % pour 2012.

– Chauffe-eau thermodynamique, pompe à chaleur géothermique et pose de l'échangeur de chaleur souterrain les concernant : 26 % pour 2012.

– Diagnostic de performance énergétique, certains équipements de production d'énergie utilisant une source d'énergie renouvelable : 32 % pour 2012.

De nouvelles restrictions sont applicables. Vérifiez-les au regard du décret d'application à paraître et du détail des textes de loi.

*Ces taux peuvent être majorés de huit points, avec un plafond de 42 %, si vous réalisez des dépenses dans plusieurs catégories. Renseignez-vous.

Aide à la personne

N'oubliez pas les avantages fiscaux liés aux équipements pour les personnes handicapées ou âgées, détaillés en première partie.

Un crédit d'impôt de 25 % s'applique au montant des dépenses relatives aux équipements spécialement conçus pour les personnes âgées ou handicapées. Le plafond des dépenses est de 5 000 euros pour une personne seule et 10 000 euros pour un couple marié ou pacsé. Le plafond est majoré de 400 euros par personne à charge. Il s'apprécie sur une période de cinq années civiles consécutives à l'intérieur de la période commençant le 1er janvier 2005 et se terminant le 31 décembre 2014. Le taux est de 30 % et le plafond est majoré pour les travaux prescrits par un plan de prévention des risques technologiques réalisés par une personne dans sa propre habitation principale : à compter de 2012, ces dépenses ouvrent droit à une majoration de 5 000 euros pour une personne seule et de 10 000 euros pour un couple soumis à imposition commune (article 200 quater du CGI).

Faire des travaux : le prix baisse avec la TVA réduite

Que vous soyez propriétaire ou locataire de votre habitation, la TVA est perçue au taux réduit sur les travaux d'amélioration, de transformation (sans création de surfaces significatives), d'aménagement et d'entretien portant sur des locaux à usage d'habitation achevés depuis plus de deux ans. Le texte prévoit des conditions précises sur la nature des travaux et des locaux concernés, que vous pouvez vérifier avec votre prestataire sur le site du ministère des Finances. Si vous êtes l'artisan qui réalise les travaux, vérifiez-les bien car c'est vous qui serez recherché en cas de redressement. En pratique, cela concerne une majorité des travaux de rénovation ou d'embellissement. Outre le coût des travaux eux-mêmes, sont visées les matières premières et fournitures utilisées pour la réalisation des travaux, par exemple les revêtements de sol ou de murs, le béton, les plaques de plâtre, les tuiles, etc.

Peuvent ainsi en bénéficier les systèmes de fermeture ou d'ouverture des logements comme les portes, les volets, les vires, garde-corps, etc. ; les équipements de sécurité comme les portes coupe-feu, les éclairages de sécurité, les détecteurs de fumée, etc. ; les travaux sur les façades et toitures, les opérations sur le traitement des eaux, les opérations de désinfection ou d'assainissement, etc. Dès que vous réalisez des travaux, vous avez de fortes chances pour qu'ils soient visés par le taux réduit, à condition de respecter les conditions requises, à vérifier avec votre prestataire. Il faut cependant éviter de modifier de façon importante les fondations, les murs porteurs, les façades, d'augmenter les surfaces habitables… Sinon, la TVA au taux normal devient applicable.

Une attestation doit être remise par le client au prestataire avant le commencement des travaux. Elle est simplifiée si les travaux ne touchent pas au gros œuvre ou à plus de cinq des six lots du second œuvre, et normale dans le cas contraire. Gardez la copie de l'attestation ainsi que les factures jusqu'au 31 décembre de la cinquième année suivant la réalisation des travaux.

Une TVA à 7 % au lieu de 19,6 %, cela fait 10,5 % de réduction sur le prix total TTC… Alors, quand prenez-vous rendez-vous avec le peintre ?

Si vous voulez bénéficier du taux réduit sur vos équipements, ne les achetez pas en direct. Fournis par les prestataires de travaux, ils bénéficient du taux réduit, comme les services facturés à cette occasion. N'oubliez pas de remettre à votre fournisseur l'attestation qui certifie que le logement remplit les conditions requises. Un modèle est accessible sur www.impots.gouv.fr.

Rappelons qu'avec le verdissement de la fiscalité, la TVA au taux réduit pour les installations d'équipements de climatisation avait été supprimée à compter du 1er janvier 2010. De façon plus étonnante, le crédit d'impôt pour les panneaux photovoltaïques avait baissé de moitié pour les dépenses payées en principe à compter du 29 septembre 2010. Veillez à suivre l'actualité en prenant en compte tous les détails de vos projets compte tenu de l'évolution permanente de ce sujet.

Retenez que si vous avez un projet de dépenses favorisé par une aide fiscale, il ne faut pas tarder pour se lancer, car le fisc n'a jamais été aussi instable et sa générosité s'érode en ces temps de crise.

Taxe d'habitation : vérifiez si vos avis sont à jour pour ne pas payer trop

Le simple fait d'occuper un logement au 1er janvier vous fait payer la taxe d'habitation. Là encore, le fisc sait se montrer compréhensif dans certaines situations, comme nous l'avons indiqué dans les parties relatives aux enfants, personnes handicapées ou âgées, ou personnes sans emploi. Il vous accorde alors des abattements. Encore faut-il que ces abattements, voire exonérations, ne soient pas oubliés sur vos avis d'imposition. Vérifiez, et si vous estimez que le calcul de la taxe ne prend pas en compte tous les abattements auxquels vous avez droit, n'hésitez pas à déposer une réclamation, comme indiqué au chapitre 19 de la partie V.

Si le logement concerné n'est pas suffisamment meublé, il est possible de mettre en avant qu'il ne peut être habité, ce qui l'exonère de taxe d'habitation.

La taxe d'habitation peut être réduite si le revenu 2012 en métropole n'excède pas 24 043 euros pour la première part, auxquels on ajoute 5 617 euros pour la première demi-part, puis 4 421 euros pour les demi-parts supplémentaires suivantes. Il s'agit d'un plafonnement selon le revenu qui est égal à 3,44 % des revenus diminués d'un abattement de 5 113 euros pour la première part de quotient familial majorée de 1 478 euros pour chacune des quatre premières demi-parts et de 2 614 euros pour chaque demi-part supplémentaire. En cas de garde alternée, on retient la moitié des majorations d'abattement (article 1414 A du CGI).

Dans certaines situations, il est même possible d'obtenir une exonération totale si vous n'êtes pas redevable de l'ISF, et si votre revenu fiscal de référence n'excède pas en métropole, en 2012, 10 224 euros pour la première part de quotient familial majorée de 2 730 euros par demi-part supplémentaire. Cela concerne notamment les personnes inscrites comme demandeurs d'emploi, les personnes âgées ou invalides. Référez-vous aux parties recensant les avantages les concernant. Le dégrèvement est accordé sur demande.

Si vous devez déménager pour un logement plus cher, faites-le si possible après le 1er janvier pour décaler d'un an la taxe d'habitation plus élevée sur votre nouveau logement. Vérifiez bien vos avis d'imposition, le fisc a pu commettre une erreur ou n'est peut-être pas au courant des détails de votre situation, surtout si celle-ci a évolué. Pensez notamment aux abattements pour personnes à charge, qui visent toutes les personnes à charge et pas seulement les enfants.

En cas de doute, n'hésitez pas à rendre visite à votre centre des impôts. Cet impôt étant perçu au profit des collectivités locales, il peut y avoir des différences sensibles selon les communes. Certaines personnes tiennent d'ailleurs compte du montant de la taxe d'habitation qui est prélevée dans la commune pour choisir leur lieu d'habitation. Si vous êtes surpris par le montant de la taxe d'habitation même après en avoir validé les éléments, vous pouvez vous interroger sur l'exactitude de la valeur locative qui a été retenue, et vérifier son montant auprès des services du cadastre. Le cas échéant, si les montants en jeu sont importants, faites-vous assister par un professionnel.

Si vous pouvez démontrer que la valeur locative de votre logement est surévaluée, demandez un dégrèvement à votre centre des impôts.

Vous n'avez plus de télévision : ôtez-la aussi pour la contribution à l'audiovisuel public

La contribution à l'audiovisuel public est due par les personnes imposables à la taxe d'habitation et détenant un téléviseur. Cette redevance s'élève à 131 euros en métropole en 2013. Une seule redevance est due par foyer fiscal. Si vous êtes exonéré de taxe d'habitation, vous ne payez donc pas de contribution.

Si vous ne possédez plus de téléviseur, pensez à cocher la case prévue à cet effet sur votre déclaration de revenus. La redevance sautera.

Sautez sur l'occasion

Les biens d'occasion vendus par des professionnels bénéficient d'une TVA réduite, car cet impôt, au lieu d'être appliqué sur le prix total, ne concerne dans ce cas que la marge réalisée par le vendeur, c'est-à-dire la différence entre le prix de vente et le prix d'achat.

La raison de ce cadeau fiscal est que la première personne qui avait acheté l'objet neuf à l'origine avait payé la TVA sur le prix d'achat total. Le fisc ne se ressert donc pas une deuxième fois sur ce montant, ce qui avantage l'acheteur suivant. Outre le fait que, dans certains cas, le prix est moindre, parce qu'il est d'occasion, il est encore moins cher grâce à cette TVA réduite.

Cela peut également concerner les œuvres d'art, objets de collection et d'antiquité. Si vous devez meubler votre maison, ne refrénez donc pas votre envie de chiner.

Restaurez vos objets classés

Les propriétaires d'objets mobiliers classés monuments historiques peuvent obtenir une réduction d'impôt au titre des dépenses de conservation ou de restauration de ces objets, à condition que les travaux soient agréés et que l'objet soit exposé au public pendant cinq ans. Pour 2012, la réduction d'impôt est égale à 18 % des sommes versées, retenues dans la limite annuelle de 20 000 euros, soit une réduction d'impôt possible de 3 600 euros (article 199 duovices du CGI).

Dépensez en aidant les autres : le fisc participe

Donnez, le fisc vous récompense

Lorsque vous donnez pour une œuvre d'intérêt général reconnue, vous bénéficiez d'une réduction d'impôt sur le revenu. Cela ne concerne pas que les versements à des organismes pour les personnes en difficulté, mais également ceux à caractère éducatif, sportif, culturel, religieux et même politique, etc.

Le taux d'économie se chiffre à 66 % du montant versé sans que le montant du don puisse excéder sur l'année 20 % du revenu imposable. Le taux d'économie est un peu plus fort sur une fraction du don, pour les dons qui sont faits au profit d'associations d'aide aux personnes en difficulté : 75 % du don sur une limite de seulement 521 euros pour les dons effectués en 2012, puis 66 % au-delà des 521 euros comme pour les autres dons. À compter de 2012, les versements en vue du financement de la vie politique sont retenus dans la limite de 15 000 euros par an et par foyer fiscal (article 200 du CGI).

Les dons peuvent être en espèces, mais aussi en nature ou sous forme d'abandon de recettes ou de droits d'auteur. Les dons sont retenus dans une limite spécifique de 20 % du revenu imposable. Lorsqu'ils excèdent cette limite, vous pouvez reporter l'excédent sur les cinq années suivantes.

Pensez à réclamer le reçu du don à l'organisme qui le collecte. Choisissez vos organismes bénéficiaires en conséquence. Mieux vaut donner plus et faire participer le fisc en suivant le formalisme requis, que donner moins en ignorant la ristourne possible.

Sont aussi considérés comme des dons ouvrant droit à déduction les frais justifiés engagés par les bénévoles, dans la mesure où ils renoncent expressément au remboursement selon la mention suivante : « *Je soussigné* (nom et prénom de l'intéressé) *certifie renoncer au remboursement des frais ci-dessus et les laisser à l'association en tant que don.* »

Favorisez les entreprises

Vous bénéficiez d'une réduction d'impôt pour la souscription jusqu'en 2016, pour cinq ans minimum, au capital d'une société soumise à l'impôt sur les sociétés détenues par des personnes physiques et considérée comme une PME. Un état remis par le comptable doit justifier votre versement.

Attention, comme pour de nombreux avantages, les conditions d'obtention de la réduction au titre de la souscription au capital d'une PME se sont durcies. À compter de 2012, outre des conditions relatives notamment au chiffre d'affaires ou au nombre d'employés, l'entreprise doit être en phase d'amorçage, de démarrage ou d'expansion, et être créée depuis moins de cinq ans. Ne vous trompez pas sur ces définitions qui sont précisées par le fisc comme toujours avec beaucoup de subtilité. Les conditions ne sont pas les mêmes pour 2011 et 2012. Contrôlez-les bien en détail, et respectez-les sur la durée requise.

★ La réduction est de 18 % sur les versements en 2012 retenus dans la limite annuelle de 50 000 euros (personne seule) ou 100 000 euros (couple marié ou pacsé), ce qui donne une réduction maximale de 9 000 ou 18 000 euros (article 199 terdecies OA du CGI).

Si votre versement à compter de 2013 est supérieur au plafond annuel de 10 000 euros, l'excédent peut donner lieu à réduction d'impôt les années suivantes : il est reporté pendant cinq ans. Il convient de vérifier les possibilités de report relatives à des versements antérieurs au regard des précisions données par l'administration fiscale.

Vous payez l'ISF ? C'est encore mieux. La souscription au capital d'une PME vous fait bénéficier en 2012 d'une réduction de 50 % du montant du versement sans qu'elle puisse dépasser 45 000 euros (article 885 O V bis du CGI).

Vous souhaitez prêter de l'argent à un parent ou à un ami afin qu'il puisse créer son entreprise. Pourquoi ne pas souscrire plutôt au capital de sa société et garder les titres pendant cinq ans ? Vous pouvez ainsi récupérer en 2012 18 % de la mise au titre de votre impôt sur le revenu de l'année de la souscription. Aucun remboursement de l'apport ne peut être fait pendant dix ans. Surveillez bien que les conditions requises chez la société en cause sont maintenues, faute de quoi vous devriez restituer votre gain.

Comment aider un ami chef d'entreprise en optimisant fiscalement ?

Juste Cekifo et Jean Kipétro paient tous deux l'ISF. Ils veulent aider un de leurs amis à monter son entreprise. Ils décident de lui confier 100 000 euros chacun, mais selon des modalités différentes. Jean Kipétro prête l'argent à son ami. Il prévoit de se faire rémunérer à un taux de 4 %. Le montant des intérêts perçus sera taxé. Aucune réduction d'impôt n'est prévue pour Jean Kipétro.

Le couple des Cekifo souscrit le 1ᵉʳ mars 2012 pour 60 000 euros au capital de la société de leur ami qui remplit les conditions pour obtenir une réduction d'impôt. Lorsque Juste remplit les déclarations relatives à l'année 2012, il affecte aux rubriques sur les réductions d'impôt 60 000 euros sur la déclaration d'ISF. Il bénéficie ainsi de 50 % x 60 000 euros, soit 30 000 euros de réduction d'ISF. Juste Cekifo réduit donc ses impôts de **30 000 euros** par rapport à Jean Kipétro.

Depuis 2010, l'activité de gestion de son propre patrimoine est exclue des activités éligibles pour les PME concernées.

Soyez attentif aux détails des derniers textes, y compris ceux votés en cours d'année, de plus en plus nombreux.

Soutenez les créateurs ou repreneurs d'entreprise en partageant vos connaissances

Si vous avez un savoir-faire appréciable en entreprise et vous sentez une âme de tuteur, vous pouvez aider à titre bénévole une personne inscrite comme demandeur d'emploi, ou qui perçoit le RSA (Revenu de solidarité active) ou l'allocation aux adultes handicapés dans sa création ou reprise d'entreprise. Vous serez récompensé par le fisc au moyen d'une réduction d'impôt.

La personne aidée doit justifier d'une situation précaire. Le tuteur ou accompagnateur est une personne justifiant d'une expérience ou de compétences professionnelles qui sont reconnues par un agrément délivré par une maison de l'emploi ou réseau d'appui à la création et au développement des entreprises.

Pour bénéficier de cette réduction, il est nécessaire de signer une convention d'une durée minimale de deux mois, signée entre le 1er janvier 2009 et le 31 décembre 2011, avec votre ou vos protégés, qui ne peuvent être plus de trois.

Le montant de l'économie, répartie sur deux ans, est de 1 000 euros par personne aidée, 1 400 euros si cette personne est handicapée (article 200 octies du CGI).

Le fisc vous invite à aller au restaurant

Si vous restez sobre, c'est-à-dire si vous ne buvez pas d'alcool, vous pouvez bénéficier de la TVA au taux réduit de 7 % au lieu de 19,6 %. Si vous emportez vos plats, vous êtes soumis au même régime, mais pas pour tous les plats. Cela dépendra notamment du conditionnement. Par exemple, si vous emportez des canettes ou des pâtisseries, le taux de 5,5 % pourrait toujours s'appliquer. Tout est dans le détail, comme toujours en fiscalité…

Chapitre 8

Bonifiez vos revenus réguliers

« L'idéal serait de pouvoir déduire ses impôts de ses impôts »
Jean Yanne

Après avoir fait baisser le montant réel de vos dépenses, grâce aux crédits ou réductions d'impôts, voyons s'il est possible de diminuer votre revenu taxable afin de dégager le meilleur revenu disponible.

Emploi salarié : réduisez le revenu taxable

Quelles exonérations possibles pour votre revenu ?

Étudiants

Vos premiers revenus peuvent échapper en tout ou partie à l'impôt sur le revenu.

C'est le cas :

- pour la rémunération de stages obligatoires de moins de trois mois faisant partie du programme ;
- si vous avez vingt-cinq ans au plus au 1er janvier de l'année d'imposition, pour les salaires versés pour des activités exercées pendant les études ou les congés scolaires.

L'économie est l'impôt sur le revenu sur une base limitée à trois fois le smic mensuel (4 277 euros pour 2012).

Si vous aviez souscrit un prêt pour financer vos études entre le 1er septembre 2005 et le 31 décembre 2008 alors que vous n'aviez pas plus de vingt-cinq ans, vous pouvez prétendre à un crédit d'impôt proportionnel aux intérêts d'emprunt payés au titre des cinq premières annuités de remboursement.

✻Le crédit d'impôt correspond à 25 % des intérêts payés, retenus dans la limite annuelle de 1 000 euros, ce qui donne une possibilité de crédit d'impôt de 250 euros.

Apprentis

Le montant du salaire perçu est exonéré à hauteur du montant annuel du smic.

Un mode de rémunération optimisé grâce aux avantages en nature

Sachez apprécier les **avantages en nature**.

L'employeur peut mettre à votre disposition personnelle, dans un but professionnel, un véhicule, un ordinateur ou un téléphone ? N'hésitez pas à le lui demander.

Seul l'avantage à titre privé est taxable. Le montant imposable est souvent calculé de manière forfaitaire et minimisé par rapport à la fraction correspondant à l'usage professionnel. Cela peut être très avantageux avec la mise à disposition d'un véhicule de fonction.

Pensez-y lors de votre embauche. Si votre futur employeur est un peu juste sur le salaire, abordez le sujet des avantages en nature. Il aura peut-être davantage de marge de manœuvre, et pour vous, cela sera la cerise sur le gâteau.

Les heures supplémentaires ne sont plus exonérées

Les rémunérations versées au titre des heures supplémentaires n'échappent plus à l'impôt sur le revenu depuis le 1er août 2012. Travaillez plus, si vous pouvez... mais vos fiches de paie ne seront plus allégées de l'impôt à ce titre.

Voyagez pour votre employeur

Si vous êtes souvent envoyé à l'étranger par votre employeur dans le cadre de vos fonctions, vous pouvez être exonéré de tout ou partie de votre salaire à condition d'avoir anticipé la composition de votre rémunération avec le versement d'une prime. Dans certains cas, la totalité du salaire peut éviter l'impôt, dans d'autres, c'est la prime pour déplacements à l'étranger qui a été négociée qui peut y échapper. Cela dépend de l'activité exercée, du nombre de jours passés à l'étranger et du supplément de rémunération directement lié à vos déplacements à l'étranger. Par exemple, des règles d'exonération importantes avantagent les activités de prospection commerciale, dans la mesure où elles suscitent de futures exportations.

Si vous êtes souvent par monts et par vaux hors de France pour des raisons professionnelles, parlez-en avec votre employeur. L'exonération nécessite de justifier d'un certain nombre de conditions, liées notamment au contenu du contrat de travail ou à la justification des missions.

Cela ne coûte rien à votre employeur et peut vous rapporter gros. Les voyages peuvent faire fondre la feuille d'impôts... sans qu'il soit pour autant nécessaire de s'expatrier...

Comment payer moins d'impôt en voyageant pour son employeur?

Jean Kipétro et Juste Cekifo, célibataires, sont embauchés dans un groupe international. On leur précise que leur mission nécessitera de nombreux déplacements à l'étranger. Le salaire net annuel proposé est de 120 000 euros.

Jean est ravi d'obtenir ce poste permettant de voyager et de percevoir un salaire élevé. Sur ce montant, l'impôt de Jean Kipétro est de **30 922 euros**.

Juste Cekifo, lui, demande à son employeur quelle sera la proportion des déplacements dans l'année. Après avoir vérifié que la durée totale de ses déplacements n'ouvrait pas droit à une exonération totale de ses revenus, il demande que son salaire soit réparti entre un montant correspondant au salaire normal de la fonction sans mobilité internationale et un montant sous forme de prime correspondant au supplément de rémunération lié à ses déplacements, soit 40 % du montant du salaire annuel.

L'impôt sur le revenu de Juste Cekifo sur un revenu taxable de 72 000 euros, est de **13 874 euros**. À revenu égal, l'impôt de Juste Cekifo est donc de **17 048 euros de moins** que celui de Jean Kipétro.

Aviez-vous pensé aux voyages comme mode d'optimisation fiscale? Il vous reste à négocier une destination agréable, et à faire valider cette possibilité par votre employeur.

Réclamez des stock-options

Si vous avez la chance de bénéficier de stock-options d'une société florissante, il vous suffira d'être patient pendant un certain délai au bout duquel vous pourrez acheter à un prix avantageux des actions de la société qui vous emploie. Le prix d'achat, dit « prix d'exercice », est fixé au moment de la décision d'attribution des stock-options avec un rabais par rapport au prix du marché. Si vous exercez votre option, c'est-à-dire si vous achetez les titres, vous bénéficiez d'un deuxième avantage qui correspond à la différence entre la valeur réelle de l'action et le prix d'exercice. Enfin, si vous vendez les titres acquis, vous pourrez dégager une plus-value par rapport au prix d'exercice.

Le régime fiscal appliqué peut être plus favorable que celui des salaires, à condition notamment de garder les stock-options un certain temps. On constate en particulier un intéressant report d'imposition (article 80 bis du CGI).

Ce régime complexe repose pour l'essentiel sur une qualification d'une partie des revenus dégagés en plus-value de cession de titres, qui offre plus d'avantages que le régime des salaires, notamment en ce qui concerne les prélèvements sociaux.

La loi de finances pour 2013 a revu à la baisse les avantages de ce système sur le gain dégagé lors de la levée d'option pour les options (fin de la taxation forfaitaire et intégration dans le revenu soumis au barème progressif) attribuées à compter du 28 septembre 2012.

Votre entreprise peut aussi décider de vous attribuer des actions gratuites, dont le gain d'acquisition est désormais intégré dans l'assiette soumise au barème progressif.

Ces modes de rémunération peuvent être avantageux, surtout en termes de report d'imposition, mais uniquement si le cours des titres concernés progresse et maintient sa hausse.

Vous êtes dirigeant d'entreprise

Le chef d'entreprise individuelle est suffisamment conseillé à titre professionnel, mais rappelons-lui, pour mémoire, l'intérêt qu'il peut avoir à adhérer à un centre de gestion agréé afin de ne pas être pénalisé par une majoration de son revenu pour « non-adhésion ».

Comme nous l'avons précisé en début d'ouvrage, ce guide concerne avant tout les particuliers, car les chefs d'entreprise sont conseillés dans le détail par leur expert-comptable ou leur avocat fiscaliste, et reportent sur leur déclaration le montant ressortant des déclarations de leur entreprise. Cependant, si vous êtes chef d'entreprise, les idées qui suivent pourront peut-être vous apporter un « plus » ou des idées à explorer avec vos conseils. Rapportez-vous également à toutes les parties pouvant vous concerner comme celles relatives aux placements, à l'organisation de la succession, de la retraite, au revenu exceptionnel, etc.

Comme signalé, vos investissements dans votre PME peuvent vous rapporter une réduction d'impôt si vous respectez les conditions requises.

Vous pouvez aussi vous faire rémunérer sur les sommes que vous placez en compte-courant d'associé, et la société peut alors en principe déduire les intérêts de son bénéfice dans les limites prévues.

Pensez à faire un remboursement sur la base de vos frais réels à condition bien entendu qu'ils soient justifiés. Veillez à ce qu'ils ne soient pas excessifs et qu'ils soient conformes à l'intérêt de la société. Le remboursement forfaitaire est en effet systématiquement taxé dans votre cas.

Comme tous les salariés, vous pouvez bénéficier de divers avantages en nature dont vous décidez vous-même, ce qui n'est pas le moindre des avantages : mise à disposition d'un véhicule, voire parfois d'un logement, etc. Ces avantages clairement identifiés sont en principe taxés pour le bénéficiaire et déductibles pour la société. Il faut toujours pouvoir justifier l'intérêt pour la société de les financer. Ce sujet peut être utilement étudié avec vos conseils.

Si vous êtes associé de la société dont vous êtes dirigeant, et si cette société dispose de réserves distribuables, pensez à arbitrer votre rémunération entre salaire et dividende versé par la société : le dividende est soumis à un abattement important avant de subir l'impôt sur le revenu, et, surtout, il subit peu de cotisations sociales (15,5 % en général actuellement) en comparaison d'un salaire. Il serait dommage de laisser dormir des trésors dans votre société et de continuer à payer «plein pot» l'impôt sur votre salaire, outre les cotisations salariales exigibles.

Attention cependant, si vous êtes redevable de l'ISF, de garder un salaire suffisamment important pour préserver l'exonération des titres de votre société, considérés comme des biens professionnels.

L'art est une excellente niche. Les sociétés peuvent déduire sur cinq ans de leur résultat imposable le coût d'acquisition d'œuvres originales d'artistes vivants, à condition qu'elles soient exposées. Sont également visés les instruments de musique que la société prête aux artistes (article 238 bis AB du CGI). Une déduction au titre d'une éventuelle dépréciation est également possible sur la base d'une expertise.

Pour les mordus, illustration d'une combinaison d'économies fiscales et sociales pour un dirigeant de société

Jean Kipétro et Juste Cekifo sont tous deux mariés et associés à 100 % de la société qu'ils dirigent, qui exerce une activité commerciale. Ils ne sont pas soumis à l'ISF. Ils perçoivent un salaire annuel taxable de 50 000 euros. Ils ont accumulé des profits qui ont été mis en réserve; leur société n'a pas de projet d'investissement à court terme et dispose d'une trésorerie importante. Après plusieurs années d'effort, ils décident de se faire octroyer par leur société un «bonus» de 100 000 euros, Jean sous forme d'une prime exceptionnelle et Juste sous forme d'un dividende. La prime est déductible des résultats de la société.

Jean Kipétro paie l'impôt sur le revenu sur la prime nette reçue diminuée de 10 % pour frais professionnels. Le montant de la prime brute a été soumis aux cotisations sociales applicables sur les salaires, calculées au taux de 45 % environ.

Le dividende de 100 000 euros que perçoit Juste bénéficie d'un abattement de 40 %. Son impôt sur le revenu est donc inférieur à celui de Jean Kipétro. Les cotisations sociales sur le dividende sont seulement de 15,5 %. (Attention, dans certaines situations, les cotisations sociales sur les revenus du travail sont applicables.) Le dividende n'est pas déductible des résultats de la société. Juste paie l'impôt sur le revenu au taux progressif sur une base réduite de plus de 40 % et doit seulement 15,5 % de contributions sociales sur le dividende reçu.

Pour affiner la comparaison avec Jean Kipétro, il faut tenir compte de l'impôt sur les sociétés (à 15 % ou 33,33 %) qu'a payé la société sur le revenu qui a été distribué sous forme de dividendes. Juste et sa société sont gagnants à coup sûr pour les cotisations sociales.

Prévoyance facultative

Les indemnités journalières perçues par un salarié en vertu d'un contrat facultatif d'assurance ou de prévoyance qui complète, pour des risques non professionnels, le régime légal de protection sociale, ne sont pas passibles de l'impôt sur le revenu.

PEE : votre épargne salariale

Le régime de la participation des salariés leur permet de percevoir une part des résultats dégagés par l'entreprise qui les emploie. Il est obligatoire pour les entreprises qui emploient au moins cinquante salariés. Il offre des avantages fiscaux tant pour l'employeur que pour les salariés.

Certaines entreprises ont mis en place un Plan d'Épargne Entreprise (PEE) sur lequel les salariés peuvent placer la participation aux résultats de l'entreprise ou l'intéressement. Cela permet d'échapper à l'impôt sur le revenu sur l'épargne salariale ainsi investie en valeurs mobilières, actions de l'entreprise, SICAV ou FCP, compte-courant, etc. Il est également possible de faire des versements volontaires sur le PEE. L'employeur abonde alors souvent les versements, c'est-à-dire les complète d'une sorte de bonus, proportionnel au montant des versements, pouvant aller jusqu'à plusieurs milliers euros.

Les sommes sont en principe bloquées pendant cinq ans et certains événements exceptionnels permettent de les débloquer sans pénalisation fiscale. Les cas de déblocage sont essentiellement les situations de mariage, divorce, naissance, démission ou licenciement, acquisition de la résidence principale, etc. Ils permettent de profiter plus vite de l'avantage fiscal. Demandez le programme à votre employeur !

Avec un blocage des fonds pendant cinq ans, sauf en cas d'événement exceptionnel, pas d'impôt sur le revenu sur les sommes versées sur le PEE, ni sur la plus-value ou les autres revenus du placement.

 Si vous avez des projets de déblocage à court terme, pensez à faire des versements, quitte à emprunter, suffisamment tôt avant l'événement qui permet le déblocage, afin de bénéficier de l'abondement de l'employeur et des avantages fiscaux.

Augmentez les frais déductibles

La déduction pour frais de 10 % est-elle suffisante ?

Une déduction forfaitaire de 10 % est appliquée sur les revenus de type salaires, allocations de chômage, etc. En ce qui concerne les frais professionnels, le réflexe habituel est de laisser le fisc appliquer la déduction forfaitaire de 10 % sur les revenus perçus. Le maximum ainsi déductible est de 12 000 euros pour les revenus 2012, avec un plancher de 421 euros dans le cas général et de 924 euros pour les chômeurs de longue durée.

Vous avez pourtant le choix de préférer la déduction des frais réels qui sont exposés pour conserver les revenus professionnels. Pour les calculer, vous pouvez prendre en compte :

- les frais de documentation professionnelle ;
- les cotisations syndicales qui ne donnent alors plus droit à un crédit d'impôt ;
- les frais de vêtements spéciaux : pas le petit tailleur griffé que vous croyez indispensable pour animer une conférence... mais le bleu de travail, l'uniforme, les chaussures de sécurité, etc. ;
- les frais de voyage ou de déplacements professionnels ;
- les frais de formation professionnelle ;
- les frais de double résidence dans le cas où, en raison de circonstances indépendantes de la volonté, époux ou partenaires d'un pacs travaillent dans des lieux éloignés l'un de l'autre ;
- les frais de nourriture correspondant à des frais supplémentaires inévitables en raison, par exemple, des horaires ou de l'éloignement (montant déduit calculé par différence avec un montant forfaitaire de 4,40 euros en 2012) ;

99

- les frais de mobilier, matériel et outillage à usage professionnel d'une valeur inférieure à 500 euros hors taxes (la déduction d'un amortissement est possible si le bien a une valeur supérieure);
- les frais de locaux professionnels lorsque le salarié doit utiliser un bureau ou une pièce dédiée à son activité professionnelle alors que son employeur ne met aucun local à sa disposition (sont notamment déductibles le loyer, les dépenses d'entretien, les dépenses locatives, les impôts locaux, les intérêts d'emprunt, etc.);
- les frais de véhicule utilisé à titre professionnel, automobile ou motocyclette, comprenant notamment l'amortissement, le carburant, l'assurance, les frais de réparation, l'entretien, les intérêts d'emprunt, etc.;
- les frais de trajet du domicile au lieu de travail.

Ces derniers peuvent être calculés sur la base des justificatifs de vos frais réels ou selon le barème des indemnités kilométriques donné chaque année par le fisc. Si la distance entre votre domicile et votre lieu de travail est inférieure à 40 kilomètres, déduisez la totalité des frais d'un aller-retour par jour, sauf circonstances particulières. Mais si elle est supérieure, calculez les frais déductibles selon ce qui est indiqué à la ligne précédente pour les quarante premiers kilomètres. Cependant, les kilomètres supplémentaires ne peuvent être pris en compte que dans certains cas: vous ne pouvez les ajouter que si vous justifiez de circonstances particulières, autres que personnelles, expliquant une distance aussi importante. Par exemple, vous invoquez des difficultés pour trouver un emploi à proximité du domicile, ou des difficultés pour trouver un logement près du lieu de travail, mutation, des raisons liées à votre état de santé ou celui de vos proches, des problèmes de scolarisation des enfants, etc.

L'économie réalisable dépend de vos frais et de vos revenus. Elle est égale à l'impôt sur la différence entre la déduction de 10 % limitée à 12 000 euros pour les revenus 2012 et la déduction des frais réels.

Les artistes bénéficient de déductions forfaitaires de 5 et 14 % adaptées à leurs besoins spécifiques: instruments de musique, vêtements, soins médicaux, etc.

Si vous choisissez de déduire les frais réels, n'oubliez pas d'ajouter à vos revenus les allocations pour frais reçues de votre employeur. Faites vos calculs d'impôt sur le revenu dans les deux cas sur www.impots.gouv.fr et choisissez la solution la plus avantageuse.

Pour les journalistes, l'exercice du choix de la soustraction dérogatoire de 7 650 euros des revenus est réservé à ceux qui pratiquent la déduction de 10 % (article 81.1° du CGI).

Frais réels ou déduction forfaitaire de 10 % ?

Jean Kipétro et Juste Cekifo ont chacun un emploi à 39 kilomètres de leur domicile. Ils parcourent 17 160 kilomètres par an. Leur revenu taxable est de 50 000 euros. Ils perçoivent 1 000 euros d'allocation pour frais d'emploi. Ils exposent des frais de documentation de 600 euros. Leur voiture fait huit chevaux. Ils mangent dans un restaurant proche de leur lieu de travail pour 14 euros par jour sur deux cent vingt jours, soit 3 080 euros sur l'année.

Jean Kipétro laisse le fisc déduire la déduction forfaire de 10 %. Son revenu net taxable est donc de 45 000 euros. L'impôt sur le revenu de Jean Kipétro est de **7 934 euros**.

Pour sa part, Juste réintègre l'allocation de 1 000 euros et déduit les frais réels. La somme déduite est égale à l'addition des montants suivants:

- Frais de voiture (calculés avec le simulateur du fisc selon le barème des indemnités kilométriques 2011): 6 975 euros. Attention, la loi prévoit désormais que la puissance maximale prise en compte est de sept chevaux.
- Frais de repas déductibles: une déduction de 4,40 euros est opérée pour tenir compte de la valeur des frais de repas à domicile: (14 − 4,40) × 220 = 2 112 euros.

Montant des frais réels: 6 975 + 2 112 = 9 087 euros, indiqués ligne 1 AK.

Montant du revenu net taxable: 50 000 − 9 087 = 40 913 euros.

L'impôt de Juste Cekifo est de **6 708 euros**, soit **1 226 euros de moins** que Jean Kipétro. Il fera une économie annuelle du même ordre avec ses prochaines déclarations.

La déduction forfaitaire pour frais de 10 % sur les revenus 2012 est limitée à 12 000 euros. Vérifiez si vous n'avez pas intérêt à lui préférer la déduction des frais réels. Vous habitez loin de votre lieu de travail, vous prenez vos repas sur le lieu de travail, vous avez des frais de documentation professionnelle ou de vêtements professionnels spécifiques ? Faites le compte en prenant alors aussi en compte les remboursements de l'employeur.

Vous pouvez utiliser les barèmes donnés par l'Administration. Vous pouvez alors déduire de façon distincte les frais de péage, de garage, de parking et les intérêts d'emprunt. Comparez et choisissez la solution la plus intéressante. Pensez à inscrire sur votre déclaration le montant des frais réels et à garder tous les justificatifs utiles. Le site du fisc a mis en place un petit simulateur de calcul des frais de voiture selon la puissance. Très pratique.

Vous empruntez pour acheter des titres de la société qui vous salarie

Si vous gardez les titres pendant au moins cinq ans, vous pouvez déduire de votre salaire imposable les intérêts d'emprunts contractés pour souscrire durablement au capital de sociétés nouvelles soumises à l'impôt sur les sociétés ou de SCOP (Société coopérative ouvrière de production).

Le montant déduit peut atteindre 15 250 euros sans pouvoir dépasser annuellement 50 % du montant brut du salaire versé par la société (article 83, 2° quinquies du CGI).

Pensez à produire avec votre déclaration l'attestation de la société qui vous emploie et les renseignements sur l'emprunt. Vous ne pouvez pas cumuler cet avantage avec ceux prévoyant une réduction d'impôt pour souscription au capital de PME ou pour emprunt contracté pour la reprise d'une PME.

En cas de choix, vous pourrez opter pour l'avantage fiscal le plus favorable ou le moins contraignant.

Vous êtes syndiqué ? Le fisc cotise avec vous

Le fisc semble favorable à l'adhésion à un syndicat. Il participe en effet à la cotisation sous la forme d'un crédit à compter de l'imposition des revenus 2012 (réduction d'impôt antérieurement).

L'économie est égale à 66 % du montant de la cotisation, retenue dans la limite de 1 % du revenu brut de la catégorie des traitements et salaires, après déduction des cotisations sociales. Le coût réel de la cotisation peut être réduit en définitive à 34 % de son montant (article A 199 quater C du CGI). Pensez à réclamer un reçu à votre syndicat.

La prime pour l'emploi

La prime pour l'emploi (PPE) est une aide au retour à l'emploi ou à la poursuite d'une activité professionnelle. Si vous exercez une activité professionnelle, peut-être y avez-vous droit ? Pour cela, vous ne devez pas dépasser certains seuils de revenu et respecter des conditions. La PPE est basée sur les seuls revenus d'activité, sans prendre en compte les autres revenus comme les allocations de chômage ou les pensions. Les revenus d'activité doivent se situer dans une fourchette comprise :

– entre 3 743 euros et 17 451 euros si vous êtes célibataire ou divorcé sans enfant à charge ou avec des enfants que vous n'élevez pas seul ou veuf avec ou sans enfant, ou si vous êtes mariés ou pacsés et que chacun d'entre vous exerce une activité procurant au moins 3 743 euros,

– entre 3 743 euros et 26 572 euros si vous êtes célibataire ou divorcé avec des enfants à charge que vous élevez seul, ou si vous êtes en couple et que l'un des conjoints n'exerce aucune activité professionnelle, ou a perçu des revenus professionnels d'un montant annuel inférieur ou égal à 3 743 euros.

Le revenu fiscal de référence du foyer fiscal ne doit pas dépasser :

* 16 251 euros (pour une personne seule) ;
* 32 498 euros (pour un couple soumis à une déclaration commune).

Ces seuils sont augmentés de 4 490 euros pour chaque demi-part supplémentaire. Le calcul est un peu compliqué en cas de travail à temps partiel.

La prime est calculée en appliquant un pourcentage sur le revenu de l'activité professionnelle (taux progressif appliqué sur plusieurs tranches). C'est un crédit d'impôt qui diminue l'impôt sur le revenu (article 200 sexies du CGI).

N'oubliez pas de cocher les cases concernées sur votre déclaration de revenus N° 2042. La PPE vient en déduction de votre impôt. Si ce dernier est supérieur à la PPE, vous recevez la différence. Si vous avez pensé à adresser un RIB à votre service des impôts, vous recevez un virement, ce qui est plus sûr et rapide qu'un chèque.

Si vous avez oublié de demander la PPE sur votre déclaration, n'oubliez pas que vous pouvez la demander par courrier, à condition d'agir dans les délais.

N'hésitez pas à vous renseigner à votre service des impôts, après avoir consulté le site www.impots.gouv.fr.

Chômage : le fisc soutient vos projets

Le fisc accompagne l'épreuve de la perte d'emploi en exonérant une partie des indemnités de licenciement, en accordant certaines aides ou dérogations, et en favorisant ensuite la création d'entreprise.

Taxation allégée des indemnités de licenciement

Les indemnités versées aux salariés sont en principes imposables, mais, compte tenu des nombreuses exonérations, il est rare en pratique qu'elles soient intégralement taxées. Si une partie des indemnités s'avère en définitive imposable, rendez-vous au prochain chapitre afin de découvrir le système du quotient qui permet de réduire l'impôt sur les revenus exceptionnels.

Indemnité de licenciement

Faisons un peu de calcul. Comparez le montant de l'indemnité de licenciement perçue aux trois montants suivants :

* montant de l'indemnité prévue par la convention collective ou, à défaut, par la loi ;

- moitié du montant de l'indemnité de licenciement perçue ;
- deux fois le montant de la rémunération annuelle brute.

Le montant exonéré correspond au plus élevé de ces trois montants, sans pouvoir excéder six fois le montant annuel du plafond de la Sécurité sociale, soit 212 112 euros en 2012, sauf si l'indemnité légale ou conventionnelle est supérieure à ce montant.

Par exemple, si un employé dont la rémunération annuelle brute est de 80 000 euros perçoit une indemnité de licenciement égale à 240 000 euros :

- 180 000 euros correspondent à l'indemnité conventionnelle ;
- 120 000 euros représentent la moitié de l'indemnité perçue ;
- 160 000 euros sont le double de la rémunération annuelle brute.

Le montant exonéré est le plus élevé de ces trois montants, soit 180 000 euros. La différence, soit 60 000 euros, est imposable selon le système du quotient applicable aux revenus exceptionnels (article 80 duodecies du CGI).

Les indemnités versées à l'occasion de la rupture conventionnelle du contrat de travail d'un salarié qui ne peut pas bénéficier d'une pension de retraite suivent le même régime d'exonération.

Si après un licenciement vous faites établir que votre employeur n'a pas respecté les règles légales, il se peut fort que l'indemnité pour licenciement irrégulier ou abusif puisse être totalement exonérée. N'hésitez pas à vous faire conseiller pour le vérifier, et à demander un dégrèvement si vous avez déjà payé l'impôt sur le revenu sur cette indemnité. Dans tous les cas, penchez-vous en détail sur votre déclaration qui a été préremplie sur la base des informations qui ont été communiquées par votre employeur. Vérifiez bien que les montants inscrits tiennent compte des exonérations auxquelles vous pouvez prétendre et, si nécessaire, corrigez-les. Reportez-vous également à la partie de ce guide consacrée au revenu exceptionnel.

Par ailleurs, si vous percevez une indemnité transactionnelle qui excède la limite exonérée, et si les éléments de votre dossier le justifient, vous avez tout intérêt à préciser dans le protocole d'accord signé avec votre employeur que le montant taxable correspond à des dommages et intérêts, afin de pouvoir prétendre à une exonération.

PSE : sauvegardez votre impôt

L'indemnité allouée dans le cadre d'un Plan de Sauvegarde de l'Emploi (PSE, ancien plan social) est exonérée en totalité.

Des dérogations bienvenues

Si vous devez déménager pour trouver un nouvel emploi, les frais de déménagement supportés sont déductibles. En cas de licenciement, vous pouvez aussi retirer les sommes placées sur un PEE avec le maintien des avantages fiscaux, même si le délai minimum de cinq ans n'est pas atteint.

Les aides, prime exceptionnelle de 500 euros et aide exceptionnelle de 200 euros, versées à certains chômeurs, sont exonérées d'impôt sur le revenu.

Créez votre petite entreprise

Plusieurs incitations à la création d'entreprise peuvent vous donner le coup de pouce qui vous manquait. Sont évoquées en particulier la souscription au capital de votre société, la réduction d'impôt liée à un emprunt pour reprendre une entreprise, et l'exonération de dons spécifiques.

Crédit d'impôt pour souscription au capital de la société créée

Vous bénéficiez d'une réduction d'impôt pour la souscription, pour cinq ans minimum, au capital de la société soumise à l'impôt sur les sociétés. Cet avantage est soumis à des conditions, en particulier au niveau des fonds propres de la société.

✶ La réduction est de 22 % du versement retenu dans la limite annuelle de 20 000 euros (personne seule) ou 40 000 euros (couple marié ou pacsé), ce qui peut donner une réduction d'impôt de 5 000 euros ou de 10 000 euros. À compter de 2012, le plafond est de 50 000 euros pour une personne seule ou 100 000 euros pour un couple marié ou pacsé, et le taux est de 18 %, ce qui donne une réduction maximale de 9 000 ou 18 000 euros, mais, comme indiqué ci-dessus, les conditions d'obtention de cette réduction sont beaucoup plus restrictives (article 199 terdecies OA I à IV du CGI).

Un emprunt avec réduction d'impôt si vous reprenez une entreprise

Si vous avez contracté un emprunt jusqu'en 2011 afin de reprendre une entreprise, vous pouvez bénéficier d'une réduction d'impôt, à condition de respecter certaines conditions, notamment liées à la fonction ultérieure de dirigeant de l'entreprise, au pourcentage de détention de 25 % minimum et à la durée d'au moins cinq ans de conservation des titres.

L'économie est possible jusqu'à 10 000 euros : 25 % du montant des intérêts payés au cours de l'année, avec une limite de 20 000 euros pour les personnes seules et de 40 000 euros pour les couples mariés ou pacsés (article 199 terdecies OB du CGI).

Pensez à produire les justificatifs avec votre déclaration, et à respecter les conditions sur la durée de l'avantage fiscal.

Paradis fiscal pour l'EDEN

L'aide accordée par l'État dans le cadre de l'EDEN, c'est-à-dire le dispositif d'encouragement au développement des entreprises nouvelles, est exonérée d'impôt.

Soyez auto-entreprenant pour créer votre petite entreprise

Si vous avez un projet de création d'activité en solo, mais hésitez à franchir le pas de la création d'entreprise, compte tenu des difficultés administratives que vous redoutez, le statut d'auto-entrepreneur est fait pour vous. Il offre simplicité et souplesse. Vous pouvez faire vos démarches de création sur Internet sur le site du CFE (Centre de formalités des entreprises) de l'Urssaf, qui vous indique les conditions requises. La tenue de vos comptes et vos déclarations sont simplifiées. Vous pouvez payer vos cotisations et impôts au moyen d'un prélèvement libératoire, dont le faible taux est incitatif, sur le chiffre d'affaires qui est effectivement dégagé. Ce statut connaît un succès fou. Il profite aussi aux salariés ou aux retraités qui souhaitent avoir une activité propre complémentaire.

Si votre activité prospère, n'oubliez pas de vérifier si vous êtes toujours dans les seuils prévus pour ce statut, avantageux mais réservé à une activité ne dégageant pas des revenus élevés. Sinon, le fisc saura vous rappeler que vous avez franchi la ligne blanche de façon plutôt douloureuse. En effet, si vous ne respectez pas les obligations relatives à votre nouvelle catégorie de revenus, des sanctions très lourdes s'appliquent. N'hésitez pas à vous faire conseiller en amont, et à surveiller de près l'évolution de votre activité au regard de vos obligations.

Les auto-entrepreneurs qui ont commencé leur activité en 2009, et qui ont bénéficié en 2010 et 2011 de l'exonération de la cotisation foncière des entreprises (CFE), en sont également exonérés pour 2012 par la loi de finances rectificative pour 2012 du 20 décembre 2012. Pensez à demander un dégrèvement si vous avez déjà payé. Attention, il est prévu que ce régime soit réexaminé par le gouvernement en 2013.

Enfin la retraite! Pour une fiscalité plus sereine

Pensez-y avant pour la préparer

De nombreuses incitations fiscales sont prévues pour que vous prépariez votre retraite par des versements personnels facultatifs à des systèmes complémentaires. Il existe des produits dédiés, souscrits à titre personnel ou *via* votre employeur, et des produits non dédiés à la retraite, mais qui produiront des revenus au moment choisi.

Pour une retraite «plan-plan», pensez au PERP (Plan d'Épargne Retraite Populaire). Voyez pour cela votre interlocuteur financier ou assureur, et, pour vous guider, consultez les conseils sur les placements financiers (voir le chapitre 11 de la troisième partie).

Les non-salariés ont tout intérêt à envisager un contrat dit Madelin, qui permet de soustraire les cotisations du revenu professionnel, avec une limite de déduction élevée.

Les fonctionnaires, eux, sont privilégiés pour préparer leur retraite complémentaire, car leurs versements à certains régimes (Préfon, Corem,

CGOS) sont déductibles. Ils ont même la faculté jusqu'en 2013 de bénéficier d'un régime dérogatoire de déduction pour le rachat de droits.

Enfin, les salariés du privé ont intérêt à s'informer sur les éventuels systèmes prévus par leur entreprise, PERCO (Plan d'épargne pour la retraite collectif) et régime dit « article 83 ». Cela dépend de la taille et de la générosité de l'employeur. Avec ces régimes, les salariés peuvent cumuler économie fiscale et rentabilité.

Le **PERCO** prévoit des abondements, c'est-à-dire des versements supplémentaires par l'employeur selon vos propres dépôts et propose un régime fiscal avantageux. Si vous êtes chanceux, votre entreprise a peut-être mis en place un régime de retraite supplémentaire facultatif, dit **article 83**. Il est parfois réservé à une catégorie de personnel. Il peut être judicieux de se renseigner sur les caractéristiques requises afin de voir comment les remplir, par exemple par une demande de "passage cadre" si le système est réservé aux cadres.

L'économie de l'impôt sur le revenu est possible sur la déduction des montants versés sur les bons plans. Les montants déduits dépendent de vos versements. Les plafonds autorisés sont liés à vos revenus. Vous pouvez ainsi préparer vos vieux jours en faisant des économies d'impôt dès à présent.

Compte tenu des incertitudes qui pèsent sur nos retraites futures, il est souvent opportun de souscrire à un plan complémentaire facultatif en plus du régime de retraite obligatoire, dont les cotisations prélevées actuellement, rappelons-le, paient les retraites en cours. Avant de le faire, vérifiez bien la rentabilité financière de ces produits, notamment au regard des placements qui sont faits dans le cadre de ces plans et des frais facturés par les organismes gestionnaires.

Pensez également à comparer avec d'autres placements qui ne sont pas dédiés spécifiquement à la retraite comme l'assurance-vie, l'achat de votre résidence principale, voire d'un appartement en bord de mer dont vous pourrez profiter en dehors des périodes de location. La rubrique consacrée aux placements vous indique les possibles gains d'impôts.

L'année du départ à la retraite

Les sommes que vous percevez lorsque vous partez à la retraite ne sont peut-être pas toutes imposables si vous ne partez pas de votre propre initiative ou si vous partez volontairement, mais dans le cadre d'un PSE.

Si vous êtes mis à la retraite par votre employeur, prenez en compte les exonérations fiscales pour calculer le montant net perçu

Afin de déterminer le montant exonéré, comparez le montant de l'indemnité de mise à la retraite par l'employeur aux trois montants suivants :

- montant de l'indemnité prévue par la convention collective ou, à défaut, par la loi ;
- 50 % du montant de l'indemnité perçue ;
- deux fois le montant de la rémunération annuelle brute perçue au cours de l'année civile précédant la mise en retraite.

Le montant exonéré correspond au plus élevé de ces trois montants, sans pouvoir excéder cinq fois le montant annuel du plafond de la Sécurité sociale, soit 176 760 euros en 2011, sauf si l'indemnité légale ou conventionnelle est supérieure à ce montant.

Le montant qui excède la partie exonérée est taxé et peut bénéficier du système du quotient applicable aux revenus exceptionnels. La rubrique consacrée au revenu exceptionnel vous montre alors comment faire baisser l'impôt.

Si vous partez à la retraite dans le cadre d'un PSE, l'avantage fiscal est plus large

Les indemnités versées dans le cadre d'un PSE sont en principe exonérées pour leur montant total (article 80 duodecies 1-2° du CGI).

Essayez de voir avec votre employeur si une partie de l'indemnité ne correspond pas, en réalité, à des dommages et intérêts non taxables que l'on pourrait indiquer sur un accord transactionnel signé avec l'employeur.

Côté déclaration d'impôts, afin de diminuer l'impôt, n'oubliez pas de demander :

– soit que la partie taxable soit traitée comme un revenu exceptionnel et bénéficie du système du quotient décrit dans le chapitre 9 (deuxième partie) ;

– soit qu'elle soit répartie sur l'année de perception et les trois années suivantes. Joignez alors à votre déclaration une note justifiant votre demande.

Dans les deux cas, vous êtes gagnant : comparez pour déterminer quel choix s'applique le mieux à votre situation.

Les pensions de retraite versées sous forme d'un capital bénéficient également de l'abattement de 10 %, et les bénéficiaires peuvent, sous conditions, opter pour un prélèvement libératoire de 7,5 %.

Chef d'entreprise, soyez prévoyant

Vous vendez votre entreprise ? Profitez des nombreux systèmes exonérant les plus-values sur les biens cédés lors de votre départ à la retraite, qu'un conseil expérimenté saura vous préciser au vu des détails de votre dossier : ils peuvent dépendre du prix de vente, de la qualité du repreneur, de la forme de l'entreprise, de l'existence d'immeubles, etc.

Un maître mot : anticipez !

Sachez qu'il existe des montages simples qui permettent de limiter les droits dus sur les transmissions d'entreprise ou sur les plus-values. Il existe de nombreux textes permettant d'exonérer les plus-values. Cela dépend notamment du mode d'exercice de l'activité, de la durée de l'activité ou de la détention des titres, du montant des actifs, etc. Une bonne organisation en amont peut permettre d'optimiser l'impôt à la sortie.

Exonérez vos plus-values

Il existe de nombreux systèmes qui permettent d'organiser l'exonération des plus-values réalisées à l'occasion de la cession de votre entreprise, qu'il s'agisse des titres de votre société, d'une branche d'activité ou d'actifs comme le fonds de commerce. Ils relèvent, selon le cas, des plus-values des particuliers ou des plus-values professionnelles. Ils peuvent être conditionnés notamment par la durée de l'activité, les montants du chiffre d'affaires réalisé, la nature des biens cédés, etc. Pour profiter d'une possible exonération, faites-vous aider par un professionnel qui saura vous conseiller en amont, afin de profiter au maximum des exonérations dont peuvent bénéficier les chefs d'entreprise qui partent à la retraite.

Le fisc est particulièrement incitatif en cas de donation à des personnes qui vous succèdent dans votre activité

La donation d'une entreprise peut donner lieu à des abattements pour les droits d'enregistrement et à une exonération des plus-values. Ces avantages sont liés à la poursuite de l'activité par les bénéficiaires de la donation. Rien ne vous empêche de garder les immeubles et de les louer à l'entreprise, afin de vous assurer un revenu pour vos vieux jours. Les avantages en matière de droits d'enregistrement sont abordés dans le chapitre 14 de la troisième partie sur le patrimoine.

La piste de la donation-cession si vous souhaitez combiner transmission et cession

Vous pouvez par exemple étudier une solution de donation à vos enfants des titres de votre société, imposée à l'impôt sur les sociétés, que vous détenez sans payer de plus-value au titre de la donation. Ils pourront les vendre eux-mêmes en calculant la plus-value par rapport à la valeur retenue pour la donation. Si la cession intervient très rapidement, il n'y a alors pas de plus-value, en particulier à condition que vous ne récupériez pas l'argent perçu de la vente. Le fisc surveille ces cessions rapides, et les lois sont en train de se durcir. Aussi, avant toute décision, soyez attentif et faites-vous conseiller par un fiscaliste expérimenté.

N'oubliez pas de prendre en compte les droits d'enregistrement si le montant donné est supérieur au montant des abattements.

Le démembrement permet un transfert en douceur

Vous pouvez aussi ne donner à vos enfants que la nue-propriété de vos titres, ce qui réduit les droits d'enregistrement. En gardant l'usufruit, vous vous réservez un revenu pour l'avenir. À votre décès, les enfants récupéreront la pleine propriété en exonération de droits de succession.

Faites-vous conseiller en amont

Pour tout projet d'opération, compte tenu des changements de législation, de l'évolution de la jurisprudence, et du nombre important de conditions et d'exceptions, prenez un avis éclairé auprès d'un avocat qui se prononcera précisément selon les détails de votre dossier. Il est en effet très dangereux de se fier aux avis donnés par des amis ou voisins, certes bienveillants, mais non fiscalistes expérimentés, qui affirment des astuces fiscales sur la base de généralités ou de propos tenus par des relations, dont il n'est pas prouvé qu'elles vous concernent. Trop d'idées reçues ou de conseils d'amis entraînent des redressements qui auraient pu être évités en s'adressant à un avocat fiscaliste habitué aussi à défendre les contribuables redressés, quelquefois suite à d'«aimables bons conseils». Et puis, rien n'est moins changeant que le fisc lorsqu'il constate que les textes rendent possibles des montages qui le pénalisent trop souvent.

Les pensions de retraite

En principe, votre retraite est imposable, sauf à pouvoir prétendre à quelques exceptions. En particulier, ne sont pas soumises à l'impôt sur le revenu les rentes viagères versées au titre d'un Plan d'Épargne Populaire (PEP) ou d'un Plan d'Épargne en Actions (PEA) de plus de huit ans, les majorations de retraite ou de pension pour charges de famille, l'allocation aux vieux travailleurs salariés et l'allocation supplémentaire du fonds solidarité vieillesse, certaines pensions militaires (retraite du combattant et retraite mutualiste des anciens combattants), l'allocation de solidarité aux personnes âgées, etc.

Faites le point sur les montants perçus. Détaillez-les afin d'identifier les possibles exonérations selon les derniers textes à jour.

Vérifiez si vous ne bénéficiez pas d'une exonération spécifique

Certains revenus peuvent être exonérés expressément par la loi. Si vous touchez un revenu ne ressortant pas des revenus considérés comme « classiques », comme les salaires, les indemnités de chômage, les pensions de retraite ou les revenus professionnels, vous pouvez vous interroger sur les possibilités d'exonérations. La liste à la Prévert ci-dessous vous indique des exemples d'exonérations en tout ou partie :

- majorations de retraite ou de pension pour charges de famille, ou pour assistance d'une tierce personne ;
- indemnités temporaires, prestations et rentes viagères versées par les régimes obligatoires suite à un accident du travail ou en raison d'une maladie professionnelle ;
- allocation aux vieux travailleurs salariés, allocation supplémentaire du fonds solidarité vieillesse, certaines pensions militaires, traitements attachés aux récompenses militaires, certaines retraites des anciens combattants, allocations en faveur des rapatriés anciens membres des formations supplétives de l'armée française en Algérie ou harkis, ou de leurs conjoints survivants ;
- médaille d'honneur du travail ;
- certains montants versés aux sapeurs-pompiers volontaires ;
- certaines pensions d'orphelins ;
- indemnités versées aux victimes de l'amiante.

Chapitre 9

Spot sur vos impôts pour dénicher toutes les économies

« La plupart des candidats à la présidence incluent souvent dans leurs promesses de réduire les impôts. En d'autres mots, ces candidats essaient d'acheter votre vote avec votre propre argent »
Dave Barry

Les entreprises procèdent régulièrement à un audit de leurs déclarations fiscales et avis d'imposition. Les particuliers, eux, ne sont pas épargnés par la complexité des règles fiscales. Or, bon nombre de personnes paient leurs impôts au vu du total indiqué sur les avis d'imposition qu'ils reçoivent, sans avoir l'idée de remettre en cause le montant calculé par le fisc.

Ce guide souligne la multitude de réductions ou de crédits d'impôts possibles. Pourquoi ne pas les pointer au vu de la liste donnée ? Passer à côté soit par ignorance soit parce que vous n'avez pas les justificatifs nécessaires serait une belle perte d'opportunité de réduire vos impôts. Si vous touchez un revenu exceptionnel, vous disposez également d'un texte très utile pour baisser sensiblement vos impôts. Un simple examen de vos avis d'imposition peut également s'avérer fructueux, car le fisc, comme nous tous, commet parfois des erreurs. Enfin, en dernier lieu, vérifiez si un plafonnement n'est pas applicable, étant précisé que le bouclier fiscal disparaît après 2012.

Dans tous les cas, faites et déposez votre déclaration d'impôt sur le revenu. Si vous n'êtes pas imposable, vous pourrez récupérer un avis de non-imposition, précieux pour obtenir certains avantages.

Le fisc ne vous offre plus 20 euros, mais vous verrez, c'est très simple, et en plus vous pouvez dans la foulée calculer votre impôt et visualiser votre calendrier de paiement. Rendez-vous en fin de guide pour suivre la fiche d'aide à la navigation sur www.impots.gouv.fr.

Avez-vous pensé à tous les crédits d'impôt ou aux exonérations possibles?

La liste suivante recense la majorité des sujets donnant lieu à un crédit d'impôt ou à une réduction d'impôt. N'hésitez pas à la pointer. Qui sait, peut-être êtes-vous passé à côté d'une éventuelle opportunité d'économie fiscale?

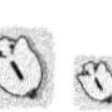

- frais de garde des jeunes enfants ;
- frais de scolarisation ;
- prime des contrats de rente-survie ou d'épargne-handicap ;
- frais de séjour en établissement pour personnes dépendantes ;
- dépenses afférentes à l'habitation principale ;
- emploi d'un salarié à domicile ;
- cotisations syndicales ;
- souscription au capital d'une société ;
- souscription d'un contrat d'assurance contre les risques de loyers impayés ;

- revenus sous forme de dividendes ;
- prime pour l'emploi ;
- certains revenus de source étrangère ;
- crédits d'impôt dont peut bénéficier l'entrepreneur individuel ;
- dons ;
- versement en capital d'une prestation compensatoire ;
- travaux de conservation ou de restauration d'objets classés, etc. ;
- dépenses de préservation du patrimoine naturel ;
- crédit d'impôt lié aux moins-values de cessions de valeurs mobilières en 2010 si vous étiez en dessous du seuil de taxation.

Pensez à vérifier les possibilités d'exonération ou d'abattement, notamment celles liées aux rubriques listées ci-après :

– prime de départ de l'entreprise ;

– prime pour mobilité à l'étranger ;

– certaines indemnités pour accident du travail, maladie professionnelle, maladie longue et coûteuse ;

– certaines rentes d'invalidité ;

– les prestations familiales légales, l'allocation de logement, l'aide personnalisée au logement, l'allocation aux adultes handicapés ;

– les plus-values sur cessions mobilières.

Dès que vous projetez de réaliser une opération exceptionnelle, votre intérêt est de vous interroger sur les possibilités de la réaliser à moindre coût fiscal, à condition de respecter les conditions immanquablement posées. Le formalisme est souvent un point essentiel.

Le traitement de faveur du revenu exceptionnel ou du revenu différé : système du quotient

Le revenu exceptionnel

Il s'agit d'un revenu qui n'est pas susceptible de se reproduire annuellement, par exemple un dividende exceptionnel portant sur des profits mis en réserve par une société ou une prime taxable pour rupture du contrat de travail. Si ce revenu dépasse la moyenne des revenus imposés au titre des trois années précédentes, vous pouvez demander que votre impôt soit calculé selon le système du quotient. Dans certains cas, peu importe ce dépassement, par exemple pour les primes de départ volontaire, ou la fraction imposable des indemnités de mise à la retraite ou des indemnités de licenciement.

Cette méthode avantageuse consiste à appliquer les étapes suivantes :

- On divise le revenu exceptionnel par quatre.
- On ajoute ce montant obtenu au revenu ordinaire.
- Puis on calcule la différence entre l'impôt sur le revenu ordinaire et celui sur le revenu ordinaire augmenté du quart du revenu exceptionnel.
- Enfin, on rajoute à l'impôt sur le revenu ordinaire quatre fois la différence d'impôt obtenue.

Ce mode de calcul, un peu compliqué, permet d'éviter le taux marginal d'imposition, c'est-à-dire le taux le plus élevé, sur la totalité du revenu exceptionnel si vous déclarez votre revenu « normalement ». En ajoutant seulement un quart du revenu pour appliquer le taux d'imposition, puis en multipliant par quatre le montant de l'impôt obtenu sur une tranche moins élevée, on « lisse » la progressivité de l'impôt, et ce dernier baisse mécaniquement.

Demandez l'application du quotient sur vos revenus exceptionnels

Juste Cekifo et Jean Kipétro, célibataires, sans enfants, perçoivent en 2012 une prime exceptionnelle d'un montant de 80 000 euros pour départ volontaire de leur entreprise. Ils ont également reçu un salaire taxable de 40 000 euros.

Jean Kipétro déclare son revenu de 120 000 euros à la case 1AJ. Il paie un impôt sur le revenu de **30 922 euros**.

Juste Cekifo demande l'application du quotient sur la prime considérée comme un revenu exceptionnel qu'il déclare case OXX.

Juste calcule d'abord l'impôt sur le revenu considéré comme normal, c'est-à-dire sur les 40 000 euros, ce qui fait 5 234 euros.

Puis il calcule l'impôt sur le revenu ordinaire augmenté d'un quart du revenu exceptionnel, c'est-à-dire sur : 40 000 + 80 000/4 = 60 000 euros, ce qui donne un impôt de 10 634 euros.

La différence avec l'impôt sur le revenu ordinaire est de 10 634 − 5 234 = 5 400 euros. Pour calculer l'impôt total, il ajoute quatre fois cette différence à l'impôt sur le revenu ordinaire, ce qui donne : 5 400 x 4 + 5 234 = **26 834 euros**.

Juste Cekifo paie donc **4 088 euros de moins** que Jean Kipétro.

Vous percevez un montant inhabituel ? Demandez-vous si ce revenu ne peut pas bénéficier du système du quotient. Faites le calcul avec le système du quotient pour vous convaincre de son intérêt. À première vue, cela semble un peu compliqué, mais on comprend très vite lorsque l'on constate à quel point cela fait baisser l'impôt, presque par magie. Vous êtes agréablement surpris. Pensez surtout à compléter la case OXX réservée aux revenus exceptionnels sur votre déclaration d'impôt, et pas la case habituelle du revenu concerné.

Si vous avez un doute sur la qualification de revenu exceptionnel et si vous souhaitez être prudent, indiquez les raisons de votre choix au fisc dans la case commentaires ou par un courrier d'accompagnement, afin que le fisc puisse comprendre votre position, ou faites-vous conseiller par un spécialiste. Dans tous les cas, vérifiez le calcul de votre impôt à payer au cas où le fisc n'aurait pas appliqué le système du quotient, car cela ne relève pas d'un traitement informatique, mais d'une revue manuelle de votre déclaration.

Le revenu différé

Il s'agit d'un revenu dont vous n'avez pu avoir la disposition qu'au cours d'une année, mais qui en réalité se rapporte à plusieurs années, comme des rappels de salaires ou de loyers.

Ces revenus différés pour une raison indépendante de votre volonté peuvent également bénéficier du système du quotient.

Une vérification des avis s'impose

N'oubliez pas que l'erreur est humaine. Peut-être avez-vous mal saisi vos éléments d'information ou oublié de compléter une ligne ouvrant droit à déduction. Une erreur a pu se glisser dans les montants saisis par le fisc, qui n'est pas «Superfisc», même s'il a des «superpouvoirs»... Aussi est-il recommandé de pointer vos avis d'imposition par rapport à toutes vos données. Il n'est pas rare de détecter une erreur, en plus ou en moins, et puis cela peut vous faire prendre conscience d'une opportunité d'économie oubliée. Il est possible de contester une erreur ou de déposer une réclamation en cas d'oubli. Pour cela, n'attendez pas, car cette possibilité est soumise à un délai. Afin de ne pas avoir à avancer l'impôt contesté, faites également une demande de sursis au paiement dans votre réclamation. Le sujet des réclamations est traité dans la partie V et un modèle est présenté en annexe.

Le fisc vous a-t-il décoté?

Vous pouvez bénéficier d'une décote si votre impôt brut est inférieur à 960 euros pour les revenus de 2012.

La décote est égale à la différence entre 480 euros et la moitié de la cotisation, soit pour une cotisation de 600 euros, à 480 − 300 = 180 euros.

Trop c'est trop !

Le bouclier fiscal s'applique pour la dernière fois sur les impôts sur les revenus réalisés en 2010. Il cesse en effet de s'appliquer à compter de 2013. En revanche, un nouveau plafonnement est applicable à compter de 2013 en matière d'ISF.

Le système du bouclier fiscal est rappelé pour mémoire. Il permet de limiter le montant des impôts à 50 % du revenu taxable. Vous additionnez, d'une part, l'impôt sur le revenu, les contributions et prélèvements sociaux, et, d'autre part, l'ISF, la taxe d'habitation et taxe foncière sur l'habitation principale et certaines taxes additionnelles à celles-ci dues au titre de l'année suivant celle de la réalisation des revenus. Vous comparez ce total avec 50 % du revenu taxable recalculé selon des modalités particulières.

Si les impôts dépassent 50 % de votre revenu, vous pouvez imputer votre créance sur l'ISF. Le droit à restitution est acquis au 1er janvier de la deuxième année qui suit celle de la réalisation des revenus, soit le 1er janvier 2012 pour un revenu 2010.

Ce calcul est opportun en particulier dans les situations où votre revenu taxable est faible et vos impôts, autres que l'impôt sur le revenu, sont élevés. Cela peut être le cas si vous vivez sur des économies antérieures, qui ont donc déjà subi l'impôt sur le revenu. Il n'est pas automatique, aussi n'oubliez pas de le demander. Quand agir ? Entre le 1er janvier et le 31 décembre de la deuxième année qui suit celle de réalisation des revenus.

Le fisc vous tend la main en mettant à votre disposition sur son site un simulateur de calcul très explicite. On peut être tenté d'arbitrer ses placements afin de faire baisser ses revenus pour faire jouer davantage le bouclier. Comme toujours, faites attention aux montages artificiels et pensez à tous les effets de vos choix, et en particulier aux pertes d'opportunités pour des réductions d'impôts. Simulez donc vos options avant de décider. Attention, pour le calcul du bouclier, le fisc ne rabote pas les niches…

En pratique

Les effets du bouclier jusqu'en 2012

Le revenu taxable 2010 de Jean Kipétro et de Juste Cekifo se chiffre à 6 000 euros chacun. Ils paient une taxe d'habitation 2011 de 3 000 euros et autant de taxe foncière. Leurs revenus 2011 ont été soumis à 700 euros de prélèvements sociaux. Selon leur patrimoine au 1er janvier 2012, leur ISF 2012 sera de 5 000 euros. Ne payant pas d'impôt sur le revenu, Jean Kipétro, qui vit sur des économies constituées de revenus antérieurement taxés, ne se croit pas concerné par le bouclier fiscal. Il paie au total **8 700 euros** d'impôts.

Juste Cekifo, lui, constate que 50 % de ses revenus 2011 correspondent à 3 000 euros de taxe d'habitation, qu'il compare aux 6 700 euros dus pour les taxes locales de 2011 et les prélèvements sociaux dus sur les revenus 2011. L'application du bouclier lui donne un droit à restitution de 6 700 − 3 000 = 3 700 euros. Il utilise sa créance née en 2012 pour payer son ISF 2011. L'impôt de Juste Cekifo aura été en définitive de **5 000 euros** au lieu des 8 700 euros de Jean Kipétro, soit **3 700 euros de moins**.

En cas de difficultés de trésorerie, faites appel à la bienveillance du fisc

Si vous éprouvez des difficultés pour payer vos impôts dans les délais, vous pouvez demander à bénéficier d'un délai supplémentaire avec un étalement de l'impôt à payer. Les situations particulièrement difficiles justifient parfois l'octroi d'une remise gracieuse des sommes dues. Ces demandes sont examinées selon le bon vouloir du comptable du Trésor, qui se prononce au vu de votre situation. Les contribuables de bonne foi, en situation de gêne ou d'indigence, qui ont déposé auprès de la commission de surendettement des particuliers une demande qui fait état des dettes fiscales et qui ne font pas l'objet d'une procédure de rétablissement personnel, bénéficient d'une remise au moins équivalente à celle recommandée par la commission (article 247 du CGI). N'hésitez pas à plaider votre dossier en apportant tout justificatif utile.

Pour bénéficier d'un étalement du paiement de votre impôt en cas de baisse importante des revenus, il convient de respecter un contexte défini. Votre foyer fiscal doit connaître une baisse des revenus de 30 % ou plus. Peu importe la cause: retraite, problème de santé, chômage, divorce, décès, événement reconnu comme grave… Vous devez en faire la demande à votre centre des finances publiques. Un formulaire est prévu spécifiquement pour les demandes de délais de paiement. Il est disponible sur www.impots.gouv.fr. Le fisc vous réclamera des justificatifs concernant les membres du foyer fiscal tels les trois derniers bulletins de salaire ou justificatifs des revenus de remplacement comme les pensions et rentes, avant que n'intervienne la baisse. N'hésitez pas à faire cette demande dès que possible. Si la baisse de revenus est inférieure à 30 %, tentez votre chance. Un examen personnalisé de votre situation pourra déboucher sur une réponse favorable à un étalement. Soyez convaincant en démontrant objectivement vos difficultés au moyen de documents justificatifs.

Votre patrimoine : les bons filons

« Un millionnaire est un milliardaire qui vient de payer ses impôts »
Jean Rigaux

Après vous avoir aidé à détecter les bons choix pour votre foyer fiscal et à optimiser votre revenu disponible, c'est à vos économies et à vos biens que nous nous intéressons.

La gestion de votre patrimoine peut vous rapporter des revenus réguliers, ou, en cas de cession, des revenus plus exceptionnels. Ils sont considérés comme des revenus du capital. Afin de soutenir l'économie, le fisc favorise certains secteurs ou certaines opérations. Autant le savoir afin de choisir les placements permettant de combiner à la fois un rendement financier intéressant et un impôt allégé.

Une fois votre patrimoine constitué, vous penserez peut-être à le transmettre. La meilleure approche consiste à anticiper, si vous voulez privilégier vos proches plutôt que le fisc.

Vous souhaitez optimiser? Suivez le guide.

Chapitre 10

Patrimoine: gardez votre bon sens

« Rien ne rapproche plus une femme et son mari
que l'arrivée de la feuille d'impôts »
Gil Stern

En cours de détention, les placements génèrent des revenus périodiques sous forme notamment de dividendes, intérêts, loyers, etc. Leur cession peut générer des plus-values, ou parfois des moins-values...

Avant de signer un contrat avec votre conseiller financier, faites-vous expliquer comment votre placement sera rentabilisé. Il n'est pas indifférent de percevoir des intérêts ou des dividendes.

Par exemple, une action donne droit chaque année à des dividendes, et sa cession dégage une plus- ou moins-value. La question à vous poser est de savoir quel revenu net vous reviendra après imposition. Ce serait une erreur de croire que tous les placements sont traités de la même façon du point de vue de l'impôt.

Revenu périodique : pensez à ce qui vous revient après paiement de l'impôt

Il est important pour vous de savoir quel impôt viendra en définitive réduire le montant brut perçu. Le revenu du placement peut être intégré sur votre déclaration de revenus, et être imposé selon le taux progressif du foyer fiscal, ou faire l'objet d'un prélèvement libératoire à taux fixe opéré par l'organisme qui verse le revenu net d'impôt. Certains revenus sont diminués d'un abattement avant d'être imposés, d'autres ouvrent droit à un crédit d'impôt, etc. Les modalités d'imposition, différentes selon les revenus, sont détaillées dans les rubriques abordant chaque type de placement.

Attention à la tendance de certains conseillers financiers de présenter le prélèvement libératoire comme automatique. Il s'agit souvent d'une option. Avant de vous libérer un peu vite de l'impôt, comparez-le avec l'impôt que vous paieriez en ajoutant le montant perçu à votre revenu global imposable.

Là encore, pas d'*a priori* : seule une simulation avec vos chiffres peut vous apporter la réponse. Un exemple dans le prochain chapitre illustre la comparaison entre les deux modalités d'imposition. Ne cochez la case prélèvement libératoire que si cela est vraiment intéressant pour vous.

L'avantage qui résulte d'une fiscalité allégée sur un placement doit être la cerise sur le gâteau, mais il est d'abord essentiel de bien choisir son gâteau…

Le coût fiscal peut influencer votre choix, puisqu'il joue sur le gain net. Mais il serait imprudent de tenir compte uniquement des réductions d'impôts, parfois utilisées comme principal argument commercial, pour faire votre choix. Nombre de personnes ayant réalisé une économie fiscale grâce à un placement réalisent plus tard que la rentabilité financière ne correspondait pas à leurs attentes de revenus, ou que la cession est susceptible d'entraîner une perte par rapport aux sommes investies. Le cas échéant, demandez à votre interlocuteur financier une simulation projetée dans le temps, avec les incidences financières et fiscales, pour connaître vos prévisions de gain net après impôts, commissions et frais divers.

Plus ou moins-value en cas de cession

Outre les revenus récurrents que vous procure votre placement, il y a des chances que, lors de sa cession, vous réalisiez un gain (plus-value) ou une perte (moins-value). Le résultat est calculé par la différence entre le prix de cession et le prix d'achat, parfois réajusté selon des règles différentes en fonction du produit en question. Vous pouvez échapper à l'impôt sur la plus-value dans un certain nombre de cas. Rendez-vous un peu plus loin pour découvrir les astuces. Les modalités de calcul et d'imposition des plus-values sont abordées aux rubriques consacrées aux divers placements : placements financiers (voir le chapitre 11 de la troisième partie), placements immobiliers (voir le chapitre 12 de la troisième partie).

Placements financiers : la chasse au trésor

« Les impôts sont une calamité pour les gens et un cauchemar pour le gouvernement. Pour les premiers, ils sont toujours excessifs, alors que pour les seconds, ils ne sont jamais suffisants »
Juan de Mariana

Ce chapitre n'a pas vocation à aborder toutes les possibilités de placements financiers, mais plutôt à vous donner des réflexes, afin de mieux cibler vos choix selon les incidences fiscales. Aussi, parallèlement au traitement fiscal, quelques points méritent d'être soulignés. Une idée reçue veut que l'on croie que le produit financier auquel on a souscrit doit rester attaché à l'établissement financier qui détient le compte, sous peine de perdre l'avantage fiscal. Cela n'est pas vrai pour tous les produits. Ainsi, vous pouvez transférer sans conséquence fiscale votre PEA ou votre Livret A. En revanche, les assurances-vie ne sont pas transférables. Vous pouvez en ouvrir plusieurs dans des établissements différents, et prendre date sur des contrats avec un montant peu élevé si vous avez des prévisions de rentrées de fonds dans un proche avenir. Comme nous allons le voir, l'ancienneté d'un support de placement peut avoir son importance.

> Renseignez-vous sur tous les frais appliqués par l'organisme qui gère le placement : droits d'entrée, de gestion et de… sortie, auxquels s'ajoute parfois le coût de la rémunération d'un contrat de gestion de vos avoirs. Ces frais ont également un impact sur la rentabilité du placement.

Aussi, pensez à les négocier à l'ouverture de votre placement. De ce point de vue, il peut être utile de répartir ses fonds dans au moins deux établissements financiers pour faire jouer la concurrence.

Quel impôt pour quel revenu ?

Dividendes

Il s'agit du montant que vous percevez au titre des distributions de bénéfices des sociétés imposées à l'impôt sur les sociétés dont vous détenez une participation (actions ou parts sociales). Ils sont soumis à une imposition allégée chez l'actionnaire, car ils ont déjà été taxés en tant que bénéfices dans la société qui les distribue. Vous pouvez soit ajouter le dividende à vos autres revenus afin qu'ils soient taxés dans votre revenu global, soit opter pour le prélèvement libératoire. À compter des dividendes perçus en 2013, le prélèvement forfaitaire libératoire n'est plus applicable. Les dividendes sont donc obligatoirement compris dans les revenus soumis au barème progressif. Ils sont cependant soumis dès 2013 à une retenue à la source non libératoire de 21 %. Cette retenue est obligatoire, sauf si le revenu de référence de l'avant-dernière année est inférieur à 50 000 euros pour les personnes seules, ou 75 000 euros pour les personnes mariées ou pacsées. Dans ce cas, les contribuables doivent demander à en être dispensés avant le 30 novembre de l'année précédant celle du paiement. Ne vous trompez pas, sinon vous devrez verser une amende de 10 % des montants en cause. La retenue pratiquée l'année N est imputée sur l'impôt sur le revenu payé en N+1.

*Dans le premier cas, le montant perçu subit un premier abattement de 40 % ; puis un second abattement fixe de 1 525 euros pour les personnes seules, ou de 3 050 euros pour les couples mariés ou pacsés ; puis il est soumis à l'impôt sur le revenu. L'abattement fixe est supprimé par la loi de finances pour 2013 pour l'imposition des dividendes perçus à compter de 2012.

L'autre alternative est le prélèvement libératoire de 21 % en 2012, mais, comme indiqué ci-après, même si ce taux vous semble favorable et si vous êtes attiré par la simplicité, faites vos comptes avant d'opter : compte tenu des abattements applicables, le prélèvement libératoire n'est en réalité intéressant que sur les revenus d'un certain niveau (article 117 quater du CGI).

Les prélèvements sociaux sont appliqués au taux de 15,5 %, quel que soit le mode d'imposition choisi pour l'impôt sur le revenu.

L'abattement de 40 % est supprimé à compter des revenus de 2011 sur les dividendes issus de bénéfices exonérés distribués par les SIIC (Société d'Investissement Immobilier Coté) et les SPPICAV (Société à Prépondérance Immobilière à Capital Variable).

Produits de placement à revenu fixe

Ces placements sont par exemple les créances, dépôts, obligations, titres d'emprunt négociables (emprunts d'État notamment), bons du Trésor, comptes-courants, bons de caisse, bons de capitalisation.

Les intérêts sont les revenus dégagés par des placements dits à revenus fixes. Ces revenus sont intégrés dans votre revenu global et peuvent être soumis sur option à un prélèvement libératoire de l'impôt sur le revenu. Le prélèvement peut même être obligatoire, par exemple pour les comptes sur livrets et certains bons (articles 125 A et 125 D du CGI).

Sauf exception, le taux de prélèvement est de 24 % pour 2012. S'y ajoute le prélèvement social de 15,5 %, ce qui donne un taux d'imposition total de 39,5 % pour 2012.

133

À compter de l'imposition de revenus 2013, le prélèvement forfaitaire libératoire est supprimé. Les intérêts sont obligatoirement soumis au barème de l'impôt sur le revenu. Un prélèvement à la source non libératoire et obligatoire de 24 % est opéré pour les produits perçus à compter de 2013. Peuvent en être dispensés les contribuables dont le revenu de référence de l'avant-dernière année est inférieur à 50 000 euros pour les personnes seules, ou 75 000 euros pour les personnes mariées ou pacsées.

Un régime particulier est prévu pour certains contrats spécifiques comme les bons et contrats de capitalisation (taux de 60 %), les contrats d'assurance-vie (taux de 35 %, 15 % et 7,5 %), les plans d'épargne populaire, les bons anonymes (taux de 60 %). Certains produits peuvent être exonérés, comme vous le verrez plus loin.

Si votre foyer fiscal perçoit à compter de 2012 des produits de placement à revenu fixe n'excédant pas 2 000 euros pour une année, vous pouvez opter pour une taxation forfaitaire de 20 %. Indiquez-le lors du dépôt de votre déclaration de revenus. Vérifiez auparavant si c'est dans votre intérêt. Ne choisissez pas le prélèvement forfaitaire libératoire (PFL) à tout prix. Le PFL est très souvent facultatif, par exemple pour les revenus de créances, dépôts et comptes-courants, les revenus d'obligations, etc. Il doit faire l'objet d'une option qui, parfois, est malheureusement trop automatique.

Le choix possible entre PFL et intégration du revenu en cause sur votre feuille d'impôts vous offre la possibilité d'optimiser votre impôt, puisqu'un des montants d'impôt qui en découle est moins élevé que l'autre. Faites le bon choix en simulant les deux montants d'imposition au regard de toutes vos données.

N'oubliez pas de raisonner avec vos crédits d'impôt ou réductions d'impôts, non imputables sur le PFL, mais utilisables pour baisser votre impôt sur le revenu. Prenez en compte la gestion de votre trésorerie, le PFL étant déboursé plus tôt que l'impôt sur le revenu. Bien souvent, en particulier, pour les dividendes, le PFL n'est avantageux qu'à partir d'un montant perçu élevé. À vos calculettes !

Comment choisir entre PFL et taux progressif ?

Jean Kipétro et Juste Cekifo sont tous deux mariés avec deux enfants. Leur foyer fiscal perçoit un salaire de 60 000 euros et un dividende de 40 000 euros. Jean a opté pour le PFL sur son dividende. Juste a ajouté le dividende à ses revenus imposables au taux progressif.

Jean paie un PFL de 8 400 euros et 3 543 euros d'impôt au taux progressif, soit **11 943** euros au total.

Juste paie 8 267 euros, soit **3 676** euros de moins que Jean Kipétro.

Au cas particulier, c'est Juste Cekifo qui a fait le bon choix en n'optant pas pour le PFL.

Pensez à combiner le système du quotient

Un dividende considéré comme exceptionnel peut bénéficier du quotient.

**Pour les mordus de l'optimisation,
illustration d'un dividende considéré comme un revenu exceptionnel,
avec application ou pas du prélèvement libératoire**

Juste Cekifo et Jean Kipétro, mariés, deux enfants, perçoivent en 2012 un dividende exceptionnel de 120 000 euros. Ils ont par ailleurs un revenu taxable de 60 000 euros. Leur impôt sur le revenu sur les 60 000 euros s'élève à 3 543 euros.

Jean Kipétro opte pour le prélèvement libératoire au taux de 21 %, qu'il croit avantageux. Il paie donc 21 % de 120 000 euros, soit 25 200 euros sur le dividende. Jean Kipétro paie donc un impôt total de 25 200 + 3 543 = **28 743 euros**.

Juste Cekifo, lui, inclut le dividende dans ses revenus et fait un premier calcul selon lequel son impôt total est de **22 667 euros**. Selon ce premier calcul, l'impôt de Juste Cekifo est de 28 743 − 22 667 = **6 076 euros de moins** que Jean Kipétro.

Après avoir lu la rubrique « Revenus exceptionnels » (dans le chapitre 9) de ce guide, considérant qu'il peut justifier que le dividende versé est exceptionnel, il demande l'application du quotient. Il calcule l'impôt sur le revenu ordinaire

.../...

> .../...
>
> augmenté d'un quart du revenu exceptionnel, c'est-à-dire sur 60 000 + un dividende de 120 000/4 = 30 000 euros. Cela donne un impôt de 6 467 euros. La différence avec l'impôt sur le revenu ordinaire est de 6 467 − 3 543 = 2 924 euros. Pour calculer l'impôt total, compte tenu du système du quotient, il ajoute quatre fois cette différence à l'impôt sur le revenu ordinaire, ce qui donne 2 924 x 4 + 3 543 = **15 239 euros**.
>
> En indiquant le dividende à la case Revenu exceptionnel de sa déclaration de revenus, Juste Cekifo paie 15 239 euros d'impôt, au lieu de 22 667 euros en l'indiquant à la case dividende, soit 7 428 euros de moins que lors de son premier calcul.
>
> Avec ce second calcul prenant en compte la qualification exceptionnelle du dividende, Juste Cekifo paie 28 743 − 15 239 = **13 504 euros de moins** que Jean Kipétro, qui a choisi le prélèvement libératoire sans réaliser qu'il percevait un dividende exceptionnel.

Un peu casse-tête, mais efficace pour faire des économies… La simplicité ne paie pas toujours en matière de fiscalité. Comme toujours, faites-vous conseiller au vu des éléments détaillés de votre dossier afin de sécuriser votre optimisation.

Plus-values

Les plus-values réalisées en 2012 par des particuliers sur la cession de valeurs mobilières sont en principe imposées au taux de 24 % — 39,5 % avec les prélèvements sociaux de 15,5 %.

À compter des revenus de 2013, la plupart d'entre elles sont imposables au barème progressif de l'impôt sur le revenu. Mais, comme souvent, le fisc a prévu des exceptions. La question est d'abord de savoir à quelle catégorie appartient votre plus-value, afin de déterminer le système d'imposition, ainsi que les possibles exonérations ou abattements dont elle peut bénéficier.

Parmi les exceptions à la taxation au taux progressif figurent les bons de souscription de parts de créateurs d'entreprise (BSPCE) avec deux taux forfaitaires de 19 % ou 30 % (article 163 bis G du CGI). Les retraits sur les plans d'épargne en actions ou PEA bénéficient selon la date de retrait de l'application du taux de 22,5 % pour un retrait avant deux ans, du taux de 19 % pour un retrait entre deux et cinq ans et d'une exonération si vous pouvez attendre cinq ans.

Pensez à opérer vos placements par l'intermédiaire d'un PEA. Faites le point sur vos moins-values antérieures, afin de vérifier si elles n'annulent pas en tout ou partie vos plus-values actuelles.

Pour les gains réalisés à compter de 2013, un système d'abattement est prévu afin d'atténuer le surcoût résultant du nouveau système de taxation. Il dépend de la durée de détention. Le législateur a souhaité favoriser l'épargne à long terme.

Le montant de l'abattement est de 20 % du montant de la plus-value si vous avez détenu les titres entre deux et quatre ans, 30 % si vous les avez gardés entre quatre et six ans, et 40 % au-delà de six ans.

Attention, l'abattement n'est pas pris en compte pour calculer les prélèvements sociaux. Il n'est pas non plus soustrait pour le calcul du revenu fiscal de référence.

Les personnes considérées comme des créateurs d'entreprise peuvent opter pour le taux forfaitaire antérieur de 19 % sur leurs gains réalisés dès 2012. Pour cela, elles doivent avoir détenu les titres cédés pendant au moins cinq ans, au moins 10 % du capital de la société pendant deux ans sur la période de dix ans précédant la cession, et posséder 2 % de la société au moment de la cession (article 200 A 2 bis du CGI). Dans ce cas, elles ne bénéficient pas de l'abattement pour durée de détention.

Ce régime peut être intéressant, mais est soumis à des conditions strictes d'application, sur une période antérieure à la cession. Veillez donc à bien les respecter en amont. Un avocat fiscaliste pourra vous aider à faire le point sur ce texte complexe, mais favorable. Il serait dommage de passer à côté en négligeant les points de détail. Par exemple, il est nécessaire d'avoir véritablement exercé des fonctions de direction et perçu à ce titre une rémunération considérée comme normale, qui doit avoir représenté plus de la moitié de vos revenus professionnels. Ces conditions rejoignent celles prévues pour bénéficier de l'exonération des biens professionnels en matière d'ISF (article 885 O bis 1° du CGI). Avant tout, vérifiez que votre intérêt est d'opter pour l'application du taux forfaitaire en procédant à une simulation des deux calculs possibles.

N'oubliez pas que si le seuil antérieur de 25 830 euros de déclenchement de l'imposition des plus-values n'a pas été franchi en 2010, les moins-values reportables au 1er janvier 2011 sont imputables sur les plus-values des dix années suivantes.

Allégement des plus-values sur titres pour durée de détention : un régime mort-né sauf en cas de départ à la retraite du dirigeant

Cas général : régime abrogé

Si vous déteniez plus de six ans des titres de sociétés à l'impôt sur les sociétés, il était possible dès 2012 de bénéficier d'un abattement d'un tiers à compter de la sixième année de détention des titres, ce qui annulait l'imposition sur la plus-value au bout de huit ans, donc dès le 1er janvier 2014 pour les titres détenus depuis le 1er janvier 2006 ou avant.

Par exemple si vous réalisiez le 1er janvier 2013 une plus-value de 15 000 euros sur une cession de titres détenus depuis le 1er janvier 2006, la plus-value était diminuée d'un tiers pour 2011 la sixième année, et d'un tiers pour 2012 la septième année. Vous ne payiez donc l'impôt que sur un tiers de 15 000 euros, soit 5 000 euros.

Sauf dans le cas du départ à la retraite du dirigeant, ce régime a été purement et simplement supprimé à compter de 2012, ce qui fait qu'il n'a jamais été appliqué, le premier effet de l'abattement ne pouvant jouer dans le cas général qu'à compter de 2012.

Départ à la retraite du dirigeant : maintien du régime favorable

En cas de cession de titres par un dirigeant à l'occasion de son départ à la retraite, l'application de ce régime avait été anticipée.

Si vous êtes dirigeant de société et que vous vendez donc les titres de votre société dans le cadre du départ à la retraite, vous pouvez toujours, sous conditions, profiter de ce système jusqu'en 2017 (article 50 O D Ter du CGI).

Pour les plus-values réalisées à compter de 2012, il n'est plus nécessaire que les titres aient été acquis avant 2006. Vérifiez cependant que vous remplissez toutes les conditions exigées par ailleurs. Faites notamment attention aux nouvelles obligations déclaratives.

Le nouveau système de report d'imposition

Ce nouveau dispositif s'applique aux plus-values réalisées lors de la cession d'actions ou de parts de sociétés soumises à l'impôt sur les sociétés. Les titres concernés doivent respecter de nombreuses conditions, en particulier avoir été détenus pendant au moins huit ans, et représenter au moins 10 % des droits dans la société. Le gain sur la vente doit être réinvesti à hauteur de 80 % (50 % pour les gains réalisés à compter de 2013) dans une autre société dans les trente-six mois (vingt-quatre mois pour les gains réalisés à compter de 2013).

La loi de finances pour 2013 précise que seule la part réinvestie bénéficie du report d'imposition.

Les nouveaux titres qui sont alors souscrits doivent être conservés pendant cinq ans afin de pouvoir prétendre à une exonération totale. Vous devez demander expressément le report d'imposition, qui n'est pas automatique. C'est seulement au prix de ces contraintes que l'exonération définitive de la plus-value en report sera acquise (article 150-0 D bis du CGI). Un jour, l'exonération viendra… peut-être.

 Attention, des intérêts de retard sont dus si le régime est remis en cause.

Calculez bien votre plus-value taxable

Vous pouvez ajouter au prix d'achat pris en compte pour calculer la plus-value le montant des frais d'acquisition : commissions, impôt sur les opérations de Bourse, droits d'enregistrement, frais d'acte, droits de succession ou de donation pour les titres acquis à titre gratuit, etc. Cela diminue la plus-value d'autant. N'oubliez pas de conserver tous vos justificatifs de frais d'achat afin de pouvoir les ressortir utilement au moment du calcul de la plus-value.

Recensez les moins-values qui peuvent s'imputer sur votre plus-value. Elles sont parfois ignorées, alors que le principal intérêt des moins-values est de pouvoir réduire les plus-values taxables.

Droits d'enregistrement

Des droits d'enregistrement peuvent être dus par l'acheteur sur certaines cessions d'actif.

Les titres préférés du fisc

Après avoir examiné le traitement fiscal de base des revenus de placements financiers, nous abordons à présent le traitement de faveur dont bénéficient certains produits.

Les titres donnant droit à un bonus fiscal

Souscription au capital de PME

Les personnes qui effectuent des souscriptions en numéraire au capital de certaines sociétés non cotées peuvent bénéficier d'une réduction d'impôt sur le revenu, à condition notamment de garder les titres cinq ans et de ne pas rembourser les apports avant dix ans.

★ La réduction est de 18 % en 2012 du versement retenu dans la limite annuelle de 50 000 euros pour une personne seule ou 100 000 euros pour un couple marié ou pacsé, ce qui donne une réduction maximale de 9 000 ou 18 000 euros. Cependant, comme indiqué ci-dessus, les conditions d'obtention de cette réduction sont beaucoup plus restrictives (article 199 terdecies OA du CGI).

Si votre versement est supérieur à la limite annuelle, l'excédent peut donner lieu à une réduction d'impôt les années suivantes : il est reporté pendant quatre ans.

Vous payez l'ISF ? C'est encore mieux. La souscription vous fait bénéficier d'une réduction de 50 % du montant du versement, sans qu'elle puisse dépasser 45 000 euros.

Depuis 2011, les PME ayant une activité financière, immobilière, de gestion de leur patrimoine mobilier ou générant des revenus garantis par un tarif réglementé sont exclues.

Des conditions supplémentaires, notamment relatives aux opérations sur les fonds propres, passées et futures, ont été précisées. Mieux vaut faire valider par un professionnel cette possibilité d'économie au vu des particularités de la société concernée. Cette économie d'impôt devient complexe à réaliser, et peut donc manquer de sécurité si l'on n'en valide pas tous les détails, devenus très techniques.

FCPI, FIP, Sofica, Sofipêche ? Choisissez !

La souscription de certains fonds est favorisée par le fisc, sous condition de détention pendant au moins cinq ans : Fonds d'Investissement de Proximité (FIP), Fonds Commun de Placement dans l'Innovation (FCPI), Société pour le financement du cinéma (Sofica) ou Société pour le financement de la pêche artisanale (Sofipêche).

＊ La réduction d'impôt pour souscription à un FIP ou à un FCPI jusqu'en 2012 est égale à 18 % en 2012 du montant des versements effectués au cours de l'année d'imposition, retenus jusqu'à 12 000 euros (24 000 euros pour les couples mariés ou pacsés), soit une économie possible de 2 160 euros pour les personnes seules ou 4 320 euros pour les couples mariés ou pacsés. Si le FIP est situé en Corse, le taux est porté à 38 % en 2012.

Si vous avez choisi une Sofipêche jusqu'en 2011, la réduction était de 36 % avec un double plafond annuel de 25 % du revenu imposable et de 19 000 euros (38 000 euros pour les couples mariés ou pacsés).

Enfin, si vous préférez une Sofica jusqu'en 2014, la réduction est de 30 % en 2012 avec un double plafond annuel de 25 % du revenu imposable et de 18 000 euros, soit une réduction d'impôt possible de 5 400 euros (voire 36 % en 2012, soit une possibilité d'économie de 6 480 euros si certains investissements sont privilégiés).

Pourquoi faire simple quand on peut faire compliqué ? Mais, *a priori*, cela rapporte, fiscalement s'entend…

Attention au mode de décompte du délai de cinq ans et aux commissions applicables en cas de sortie. Vérifiez également que les fonds proposés remplissent les conditions requises. Enfin, soyez attentif à la rentabilité des supports choisis.

Défiscalisation dans les DOM-TOM

Certains investissements dans le secteur locatif (jusqu'en 2012) ou dans certaines entreprises (jusqu'en 2018) peuvent bénéficier d'une réduction d'impôt importante. Il doit s'agir de secteurs éligibles.

＊ L'économie est possible jusqu'à plusieurs dizaines de milliers d'euros. Elle est plus importante pour les investissements dans le logement social. Il est possible d'opter pour une limite égale à un pourcentage du revenu net global du foyer.

Un investissement Scellier spécial outre-mer est également prévu, avec des taux spécifiques, réduits pour 2012 (article 199 septvicies XI).

Ces moyens de défiscaliser sont très efficaces. Ils ne sont pas repris en détail dans ce guide, compte tenu de leurs nombreuses particularités et de la multitude de cas possibles. Il est recommandé d'être prudent dans le choix de vos conseillers et de vos investissements.

Les bons Plans

PEP

Peut-être avez-vous souscrit antérieurement un produit d'épargne à long terme dénommé Plan d'Épargne Populaire (PEP)? Même si ce type de produit ne peut plus être ouvert, vous continuez à bénéficier de la capitalisation des produits en franchise d'impôt et, au bout de huit ans, les sommes retirées sont exonérées.

PERP : votre épargne retraite

À l'inverse des PEP, les versements sur les Plans d'Épargne Retraite Populaire (PERP) sont déductibles du revenu imposable, dans certaines limites dépendant des revenus professionnels, du plafond de Sécurité sociale et des cotisations sociales ; les revenus futurs sont taxés.

PEA pour les boursicoteurs

Le Plan d'Épargne en Actions (PEA) vous permet de constituer un portefeuille de titres avec des versements pouvant aller jusqu'à 132 000 euros pour une personne seule, 264 000 euros pour un couple marié ou pacsé, et de bénéficier de l'exonération d'impôt sur le revenu des plus-values et dividendes, mais pas des contributions sociales, si aucun retrait n'est fait pendant cinq ans. Au bout de huit ans, vous pouvez obtenir le versement d'une rente à vie sans impôt, ce qui peut aider à constituer une retraite complémentaire. À réserver aux amateurs de sensations fortes causées par les cours de la Bourse. Choisissez un très bon conseiller financier, compte tenu des risques.

Plan d'épargne logement et Compte Épargne Logement

Vous pouvez également bénéficier d'exonérations sur les intérêts en ouvrant un PEL ou un CEL. (Montant maximum du dépôt : 61 200 euros pour les PEL et 15 300 euros pour les CEL.)

Les livrets sont des chouchous

Un peu chiches côté rentabilité à l'heure actuelle, ces placements sont cependant sans risques et les intérêts qu'ils rapportent ne sont pas taxés. Ils sont cependant plafonnés. Se côtoient :

- le Livret A, désormais transférable, avec un dépôt possible de 19 125 euros ;
- le Livret de développement durable (ex-Codevi), dépôt jusqu'à 12 000 euros ;
- le Livret Jeune pour les 12-25 ans, dépôt possible de 1 600 euros par personne ;
- le Livret d'Épargne Entreprise (LEE), dépôt jusqu'à 45 800 euros ;
- le Livret d'Épargne Populaire pour les personnes faiblement imposées, dépôt possible jusqu'à 7 700 euros par livret.

Ne dépassez pas le nombre de livrets autorisés, qui est en principe d'un par personne. Cependant, si votre plafond est atteint, pensez aux possibilités de livrets à ouvrir pour le compte de vos enfants mineurs, que vous gérerez jusqu'à leur majorité.

Assurance-vie : la Rolls des placements en vue de la transmission

Le contrat d'assurance-vie permet, à l'issue d'une durée minimum de huit ans justifiée par des raisons fiscales, de percevoir un montant versé en capital ou sous forme de rente. Vous désignez un bénéficiaire pour recevoir les sommes en cas de décès. Toute liberté vous est laissée pour choisir le bénéficiaire. Cela peut être quelqu'un de votre famille, ou un proche que vous souhaitez avantager. En cas de conflit ultérieur avec le bénéficiaire, pensez, le cas échéant, à modifier votre choix. Votre intérêt peut d'ailleurs être de ne pas révéler son nom au bénéficiaire, car si celui-ci accepte le contrat, vous ne pourrez plus changer.

Il n'est pas rare qu'une personne souhaite transmettre une somme d'argent à un étranger avec qui elle a des relations privilégiées, alors que sa famille s'est éloignée. Or, avec la réserve héréditaire d'une part, et le montant des droits de succession applicables à un étranger d'autre part, il n'est pas facile de transmettre par un simple legs, d'autant que les héritiers peuvent contester le legs. La clause du contrat d'assurance-vie désignant le bénéficiaire doit être clairement rédigée afin de protéger la personne que l'on souhaite avantager.

C'est un produit à tout faire, à la fois outil de placement et de transmission, tout cela avec une fiscalité intéressante, d'où un succès phénoménal. Profitez des avantages de ce produit tant que le fisc n'a pas, encore, décidé de les remettre en cause. Surveillez l'évolution des textes et vérifiez vos opérations au regard du détail des règles applicables, plutôt complexes.

Avantages fiscaux pendant la durée du placement

Les fonds sont placés sur le contrat, mais ne sont pas bloqués. Ils sont affectés à des supports que vous choisissez, et qui peuvent générer des intérêts, des dividendes, des plus- ou moins-values. Il est intéressant de noter la disponibilité des sommes ainsi placées. Le souscripteur du contrat l'alimente comme il le souhaite. Les supports de placement sont divers. Le contrat peut être monosupport avec un placement sécurisé en fonds euros. La rémunération est alors moindre. Le contrat peut être multisupports, ce qui offre une grande diversité de choix d'investissement. La possibilité de gains est alors plus importante, mais accompagnée d'une prise de risque plus ou moins forte selon les supports choisis. Il est sage de vous faire conseiller par un conseiller financier avisé et responsable, qui tiendra compte de votre propre appréhension de la notion de risque. Vous pouvez par exemple décider de prendre une position diversifiée sur une partie de votre placement, cette partie variant selon votre goût du risque.

145

Aucun impôt sur le revenu n'est dû sur les revenus générés pendant la durée du contrat, tant que vous ne faites pas de retraits.

Les prélèvements sociaux peuvent être appliqués selon le support de placement. Faites-vous préciser ces prélèvements par votre intermédiaire financier.

Avantages fiscaux sur la perception du revenu

Si vous effectuez un retrait pendant la durée du contrat, c'est-à-dire, pour les initiés, un «rachat partiel», l'imposition qui frappe les revenus peut être allégée selon le moment du retrait.

Le revenu imposable se calcule par différence entre ce qui est perçu et le montant des primes versées, ajustées selon un *prorata temporis* compte tenu du caractère partiel du rachat.

Le prélèvement libératoire sur les retraits opérés avant huit ans à compter de la conclusion du contrat est de 35 % ou 15 %, selon qu'il est fait avant ou après quatre ans.

Soyez patient. Attendez huit ans avant de faire des prélèvements. Vous bénéficierez ainsi d'abattements.

Après huit ans, un abattement de 4 600 euros (9 200 euros pour un couple marié ou pacsé) est en effet pratiqué sur le revenu avant de le soumettre à l'impôt progressif en le rajoutant à vos autres revenus. Un prélèvement libératoire de 7,5 % est possible avec l'octroi d'un crédit d'impôt qui remplace l'abattement. Un avantage supplémentaire existe dans les situations difficiles : les intérêts sont exonérés d'impôt sur le revenu même si le contrat n'a pas atteint les huit ans si le retrait intervient pour cause notamment de licenciement, invalidité, mise en retraite anticipée ou liquidation judiciaire.

Comme indiqué ci-dessus, si cela est dans votre intérêt, n'hésitez pas à laisser de côté le prélèvement libératoire au profit de votre taux d'imposition sur vos revenus. Faites votre choix sur la base d'une comparaison entre les deux systèmes.

Si vous demandez le versement d'une rente à l'issue du contrat, elle sera taxée sur une fraction de son montant (de 70 à 30 %), qui dépend de votre âge (de moins de cinquante à plus de soixante-neuf ans) au moment du début du versement de la rente ou, selon les initiés, du début d'«entrée en jouissance». Le cas échéant, les prélèvements sociaux obligatoires sont prélevés. Les prélèvements sociaux, au taux actuel de 15,5 %, sont appliqués sur les gains réalisés sur les contrats monosupport et les fonds en euros des autres contrats.

Avantages fiscaux pour la transmission

Les sommes payées au dénouement du contrat d'assurance-vie à un bénéficiaire lors du décès de l'assuré ne font pas partie de la succession de l'assuré. À hauteur d'un montant conséquent, les droits d'enregistrement sont indépendants du degré de parenté qui lie, ou pas, l'assuré au bénéficiaire.

Pour les versements effectués avant les soixante-dix ans du titulaire du contrat, la transmission des sommes est exonérée de droits d'enregistrement jusqu'à 152 500 euros, puis soumise à un prélèvement de 20 %. Ce prélèvement est porté de 20 % à 25 % pour la fraction de chaque part nette bénéficiaire supérieure à 902 838 euros. Il n'est pas applicable dans certains cas, notamment sous conditions aux contrats «homme clé», de rente survie (contrats d'assurance-décès souscrits au profit d'enfants handicapés), aux contrats d'assurance de groupe.

Des particularités sont prévues en cas de démembrement de la clause bénéficiaire.

Pour les versements effectués après les soixante-dix ans du titulaire du contrat, les droits de succession sont appliqués selon le lien de parenté après un abattement de 30 500 euros.

Le tableau suivant résume les principaux avantages fiscaux de ce contrat en matière de droit de succession (contrats d'assurance-vie souscrits depuis le 20 novembre 1991 et primes versées depuis le 13 octobre 1998).

Part taxable	Primes versées avant les 70 ans de l'assuré	Primes versées après les 70 ans de l'assuré
inférieure à 152 500 euros	Exonéré de droits	Droits de succession sur le montant des primes excédant 30 500 euros selon le dégré de parenté du bénéficiaire
comprise entre 152 500 euros et 902 838 euros	Prélèvement de 20 %	
au-delà de 902 838 euros	Prélèvements de 25 %	

L'assurance-vie est la Rolls des placements pour la transmission si le bénéficiaire est un parent éloigné ou un ami ou un concubin, soumis, en principe, à des droits de succession très élevés. Pour optimiser la fiscalité des droits, pensez à utiliser les deux plafonds des versements faits avant et après vos soixante-dix ans.

Attention cependant aux abus : ni les héritiers ni le fisc n'aiment les gros versements de dernière minute, révélant davantage une donation déguisée qu'une assurance sur la vie.

Vos objets précieux

Objets d'art classés

Si vous aimez l'art, sachez que les travaux de conservation ou de restauration d'objets classés monuments historiques ouvrent droit à une réduction d'impôt à condition, notamment, d'obtenir l'autorisation administrative nécessaire et d'exposer l'objet au public pendant cinq ans.

*La réduction d'impôt peut aller jusqu'à 18 % pour 2012 du coût retenu dans la limite annuelle de 20 000 euros, soit 3 600 euros (article 199 duovicies du CGI).

Les cessions d'objets d'art, de collection ou d'antiquités sont soumises à une taxe forfaitaire de 5 % sur le prix de vente (article 150 VI I 2°du CGI). Elles sont exonérées si le prix est inférieur à 5 000 euros. Il est possible d'opter pour l'abattement applicable aux meubles évoqué au paragraphe qui suit.

Meubles

Les plus-values sur certains biens meubles, comme les bateaux de plaisance ou les chevaux de course, bénéficient d'un abattement de 10 % par année de détention au-delà de la deuxième pour le calcul de la plus-value sur leur cession.

Cet abattement efface totalement la plus-value taxable au taux de 34,5 % en 2012, au bout de douze ans (article 150 VC I du CGI).

Objets et métaux précieux

La cession d'objets ou de métaux précieux, comme l'or, l'argent, le platine, ou de bijoux, d'objets d'art de collection, ou encore d'antiquités, est soumise à une taxe forfaitaire de 7,5 % (métaux précieux), ou de 4,5 % (autres objets) (article 150 VI à VM du CGI).

Faites vos comptes : cette imposition se révèle bien moindre que celle applicable à des plus-values sur des placements qui ne peuvent pas orner votre salon ou votre poignet. Autant vous faire plaisir au moindre coût fiscal, tout en diversifiant vos placements.

149

Placements dans la pierre : le fisc favorise le bâtiment

« L'impôt est tenu comme mieux réparti quand il est payé par les autres »
Alain Dumait

Ne sont abordés dans ce chapitre sur les placements immobiliers que principalement les immeubles à usage d'habitation.

Pour commencer, afin de diminuer les droits d'enregistrement lorsque vous achetez un bien, voici une astuce simplement liée à la présentation des frais de l'agence immobilière chargée de la vente du bien. Si votre vendeur paie directement la commission à l'agence, il la répercute sur le prix de vente, lui-même soumis aux droits d'acquisition (frais de notaire, droits d'enregistrement, etc.). Vous payez alors les droits sur une assiette comprenant le prix du bien et les frais d'agence. Si vous proposez de payer les frais directement à l'agence, ils ne seront pas compris dans l'assiette des droits d'acquisition. Vous économisez ainsi les droits sur le montant de la commission, ce qui n'est pas négligeable...

Un revenu minimisé

Les loyers sont habituellement des revenus fonciers. Cependant, certaines locations peuvent relever d'une autre catégorie, par exemple celle des BIC (bénéfices industriels ou commerciaux) comme les locations de locaux meublés.

En ce qui concerne les locations d'immeubles vides, vous pouvez dégager un bénéfice, ou un déficit, c'est-à-dire une perte, qui s'additionnera ou se soustraira aux revenus des autres catégories, afin de déterminer le revenu global imposable.

Faites bien attention à faire la différence entre revenus fonciers et vos BIC. Les conséquences fiscales de l'appartenance à ces catégories sont différentes.

L'enjeu fiscal est souvent de réduire le revenu global taxable et, le cas échéant, d'optimiser le montant du déficit foncier imputable. Si vous déclarez des revenus fonciers, n'oubliez pas de reporter l'excédent non imputable du déficit sur les bénéfices fonciers des dix années suivantes ou, selon le cas, sur le revenu global des six années suivantes.

Lorsque votre locataire déménage, n'oubliez pas d'en informer le fisc au plus tard le jour du déménagement, sinon ce dernier peut vous réclamer sa taxe d'habitation.

Micro-foncier possible si le montant des loyers perçus est inférieur à 15 000 euros

Sauf exception, dans la limite de 15 000 euros de loyers perçus, vous pouvez bénéficier du régime du micro-foncier, c'est-à-dire d'un abattement automatique de 30 % sur vos revenus fonciers. C'est simple, vous portez simplement le montant du revenu brut sur la déclaration de revenus. L'option pour le régime de déduction des frais réels, décrit ci-après, est possible, même si le montant perçu est inférieur à 15 000 euros.

Revenus fonciers : régime du réel avec déduction parfois supérieure

Déduction des frais réels

Afin de déterminer le revenu net taxable, vous pouvez notamment déduire de vos revenus bruts fonciers les frais de gestion et de gérance, les dépenses d'amélioration, réparation ou entretien, les dépenses acquittées pour le compte des locataires et restant définitivement à la charge du propriétaire, les primes d'assurance, les intérêts des emprunts, la taxe foncière, etc.

Imputation du déficit foncier

L'éventuel déficit foncier est imputable sur le bénéfice foncier des dix années suivantes. Avant de le reporter sur vos futurs bénéfices fonciers, vous pouvez le déduire, dès l'année de sa réalisation, sur le revenu global dans la limite annuelle de 10 700 euros. Pour cette opération, vous devez exclure du déficit la part correspondant à la déduction des intérêts d'emprunt. Si le revenu global est insuffisant pour absorber le déficit foncier imputable, l'excédent du déficit est imputable dans les conditions de droit commun sur les revenus globaux des six années suivantes.

Suivez la notice de la déclaration N° 2044 des revenus fonciers afin de ne rien oublier. Si vos loyers, inférieurs à 15 000 euros, vous permettent de bénéficier du régime du micro-foncier, faites une comparaison entre le régime du micro-foncier et le régime du réel. Si vous supportez des frais importants, par exemple si vous venez d'emprunter un montant élevé pour acheter, vos charges dépassent peut-être les 30 % d'abattement du micro-foncier ou vous avez peut-être même généré un déficit. Vous avez alors sûrement intérêt à choisir le régime du réel, même si cela est un peu plus contraignant en matière de déclaration. L'option est alors applicable trois ans.

Par ailleurs, si vous prévoyez des travaux pour le logement que vous donnez en location, faites le point sur les dépenses admises en déduction et les autres. La présentation de la facture a toute son importance pour décrypter ce qui est déductible de ce qui ne l'est pas. Les textes visant les dépenses de travaux déductibles sont précis. Si votre artisan n'est pas rodé aux économies fiscales, un montant important de travaux peut justifier de recourir en amont à un fiscaliste qui saura vous expliquer comment bénéficier à plein des déductions fiscales par un choix et une présentation adéquats.

Des crédits ou réductions d'impôts

✴Si vous louez un logement conventionné et souscrivez une assurance contre les impayés, vous pouvez, sous conditions, bénéficier d'un crédit d'impôt égal à 38 % pour 2012 du montant de la prime d'assurance payée au cours de l'année d'imposition. Dans ce cas, la prime n'est pas déduite du résultat foncier (article 200 nonies du CGI).

✴Les travaux de reconstruction, d'agrandissement, de réparation ou d'amélioration réalisés jusqu'au 31 décembre 2012 pour certains logements de tourisme situés dans des zones définies, dont notamment les ZRR (zones de revitalisation rurale), peuvent également donner droit, sous conditions de location en meublés de tourisme, à une réduction d'impôt de 15 à 30 % pour 2012 selon le type de logement, dans la limite de 50 000 euros pour une personne seule ou de 100 000 euros pour un couple marié ou pacsé (article 199 decies F du CGI).

Si vous n'arrivez pas à louer votre bien immobilier pendant au moins trois mois pour des raisons indépendantes de votre volonté, demandez un dégrèvement de taxe foncière pour la période concernée en expliquant et en justifiant la situation.

BIC location en meublé : êtes-vous « pro » ?

Rappelons que la location de logements meublés est taxée dans la catégorie des BIC.

Êtes-vous LMP ou LMNP? Vous avez sûrement entendu parler des LMP (loueur en meublé professionnel). Il s'agit des locations en meublé avec un statut de professionnel. La LMP est souvent mise en avant par les vendeurs d'immobilier, car elle peut offrir des avantages fiscaux appréciables. Suite à certains abus, le fisc est récemment revenu dessus, en précisant de nouvelles règles du jeu. Il faut d'abord savoir que la location en meublé à titre habituel ne dégage pas un revenu dit foncier, comme en matière de location d'immeuble nu, mais un revenu commercial, déclaré dans la catégorie des BIC.

Il est possible de bénéficier du régime micro-BIC si les revenus annuels de la location n'excèdent pas, en 2012, 32 600 euros. Ce régime est avantageux, car le revenu imposable est calculé en pratiquant un abattement forfaitaire pour frais de 50 %. Mais il n'y a pas de déficit déductible dans ce cas-là.

Il existe des mesures spécifiques, non détaillées ici, pour les meublés de tourisme, gîtes ruraux et chambres d'hôtes.

Deux statuts sont possibles : professionnel ou pas.

Loueur en meublé professionnel (LMP)

Pour avoir la qualité de loueur professionnel, il est nécessaire de remplir trois conditions : une personne du foyer fiscal doit être inscrite au Registre du Commerce et des Sociétés (RCS), les recettes annuelles tirées de l'activité sont supérieurs à 23 000 euros et elles excèdent plus de 50 % des revenus professionnels.

Le statut de LMP permet de réaliser une économie grâce à la possible imputation sans limites des déficits retirés de la location meublée sur les bénéfices des autres catégories du revenu global, sous réserve des règles de limitation des amortissements déductibles.

Autre bonus fiscal non négligeable : si votre activité est exercée depuis au moins cinq ans, vos éventuelles plus-values sur cessions d'actifs professionnels peuvent bénéficier d'une exonération si les recettes liées à cette activité ne dépassent pas 90 000 euros HT. L'exonération est partielle si les recettes sont comprises entre 90 000 euros HT et 126 000 euros HT.

Enfin, du point de vue de l'ISF, vous pourrez sûrement considérer vos biens comme des biens professionnels exonérés, à condition de respecter toutes les conditions.

Si vous décidez de donner des logements en location, l'attractivité fiscale de ce régime mérite réflexion à l'aide d'un conseil au vu de tous les impôts : impôt sur le revenu, ISF, taxe professionnelle et TVA.

Loueur en meublé non professionnel (LMNP)

Vous ne remplissez pas l'une des conditions pour avoir la qualité de loueur en meublé professionnel ? Vous n'êtes pas LMP, mais LMNP, CQFD… Le loueur en meublé non professionnel peut déduire le déficit lié à son activité sur les bénéfices de même nature uniquement réalisés pendant dix ans. À la différence du LMP, il ne peut déduire le déficit sans limites sur le revenu global. Les plus-values relèvent du régime des plus-values privées (régime décrit plus loin).

Si vous louez en meublé une ou plusieurs pièces de votre habitation principale aux fins de résidence principale de votre locataire, ou sous-locataire, le loyer perçu peut être exonéré si le loyer est compris dans certaines limites par mètre carré : en 2012, 177 euros en Île-de-France et 129 euros pour les autres régions, ou 760 euros par an pour la location de chambres d'hôte (article 35 bis I du CGI).

★Réduction d'impôt en faveur des loueurs en meublé non professionnels en cas d'investissement dans certaines résidences meublées, neuves ou de plus de quinze ans réhabilitées, à condition de louer meublé pendant au moins neuf ans : 11 % pour les investissements réalisés en 2012, du prix de revient avec un plafond possible jusqu'à 300 000 euros. L'avantage est réparti sur neuf ans (Censi-Bouvard Article 199 sexvicies du CGI).

Sont concernés des résidences meublées de tourisme classées, des établissements d'accueil des personnes âgées ou d'adultes handicapés agréés, des résidences avec services pour étudiants. Veillez à ce que les conditions, strictes, soient respectées.

La réduction globale des avantages de 2012 de 15 % ne s'applique pas si vous avez pris l'engagement de réaliser l'investissement avant le 31 décembre 2011.

Ce dispositif est prorogé de quatre ans : vous pouvez donc en bénéficier pour les investissements que vous réalisez jusqu'en 2016, au taux de 2012, soit 11 %.

Vous avez dit «défiscalisation»? Duflot, Scellier, Robien, Borloo et les autres…

À chaque ministre du Logement, son cadeau fiscal pour relancer l'immobilier. Personne n'échappe à la publicité, voire au démarchage, pour «défiscaliser». Le produit miracle correspond, en gros, à un logement acheté dans une zone définie et louée selon des modalités strictes liées notamment aux revenus des locataires et au montant des loyers. Les différents régimes qui se succèdent sont aménagés au fil du temps. Ils prévoient, sous conditions, la possibilité de déduire des loyers perçus une partie du prix du logement, et une imputation du déficit foncier, avec certaines limites, sur les autres revenus imposables. Le prix du logement est parfois gonflé compte tenu du fort engouement pour ce type de produits. La défiscalisation est le mot magique qui fait vendre…

2013 : après le Scellier, le Duflot

Le dispositif Scellier étant, sauf exception, terminé à compter de 2013, une nouvelle réduction d'impôt est mise en place afin de relancer l'activité du bâtiment. Cette fois, il s'agit de favoriser particulièrement l'accès au logement des personnes modestes. Ce nouveau régime implique donc des contraintes en termes de fixation des loyers et de plafonnement des revenus des locataires (article 199 novovicies du CGI).

La base de calcul de la réduction d'impôt est retenue dans la limite de 300 000 euros par an et pour un même contribuable.

Si vous préférez les titres de sociétés aux immeubles, vous pouvez acheter des titres de SCPI (Société Civile de Placement Immobilier) qui ouvrent droit aux mêmes avantages. La réduction est alors calculée sur 95 % du montant de la souscription, toujours dans la limite de 300 000 euros.

La réduction est calculée au taux de 18 % sur les logements en métropole, et de 29 % sur ceux outre-mer. Elle s'étale sur neuf ans.

Attention, la réduction Duflot ne se cumule pas avec d'autres régimes. Elle reste comprise dans le plafonnement à 10 000 euros des niches fiscales. La fraction de la réduction excédant l'impôt dû ne se reporte pas. On est loin de la manne fiscale antérieure.

Comme pour le Scellier, veillez à respecter les conditions requises sur toute la durée, si vous ne voulez pas que la réduction soit remise en cause ultérieurement.

2012, dernier millésime du dispositif « Scellier »

Il a détrôné Robien, Borloo et les autres avec son lot de mesures de verdissement. Le dispositif Scellier prend la forme d'une réduction d'impôt sur le revenu. L'acquisition entre le 1er janvier 2009 et le 31 décembre 2012 de logements neufs ou vétustes à réhabiliter, ainsi que la souscription au capital de certaines SCPI, donnent droit à une réduction d'impôt calculée sur le coût de revient du logement retenu dans la limite de 300 000 euros, et étalée sur neuf ans. Il faut s'engager à louer le bien nu à usage d'habitation principale du locataire pendant au moins neuf ans.

Pour les investissements réalisés jusqu'en 2009, il est encore possible de déduire un amortissement, c'est-à-dire une partie du prix (6 % puis 4 %), appelé amortissement « Robien » au lieu de choisir la réduction d'impôt «Scellier». Le propriétaire doit prendre un engagement de location nue à titre d'habitation principale pendant neuf ans, à une personne n'appartenant pas à son foyer fiscal, et le loyer ne doit pas dépasser un certain plafond dépendant de la zone d'emplacement du logement. Si l'investissement est fait *via* une SCPI, c'est elle qui prend cet engagement, les titres étant conservés pendant la durée d'engagement de location.

Pour 2012, sa dernière année d'application, rappelons que le Scellier est exclusivement réservé aux logements BBC, et que le prix de revient du logement est soumis à un plafond par mètre carré en fonction de la localisation du logement. Sont également visés les logements remis à neuf, réhabilités ou transformés par le vendeur.

*Pour les logements non BBC, la réduction d'impôt «Scellier» s'élève à 13 % pour une acquisition en 2011, et 6 % pour 2012 uniquement si le permis de construire a été demandé en 2011. Pour les logements labellisés BBC, ou «bâtiments basse consommation énergétique BBC 2005», le taux de réduction d'impôt est de 13 % pour 2012 (article 199 septvicies du CGI).

Les logements acquis entre le 1er février et le 31 mars 2012 peuvent bénéficier du taux 2011 si le contrat de réservation a été signé devant notaire ou enregistré en 2011.

Le taux 2012 s'applique si vous vous êtes engagé en 2012 avec une signature au premier trimestre 2013.

Le Scellier outre-mer est supprimé à compter de 2013. Le taux de réduction est de 29 % pour les investissements 2011, réduit à 24 % pour 2012. Il comporte certaines particularités.

Avec le Scellier intermédiaire ou le Scellier ZRR, vous gagnez encore plus

Avec le dispositif Scellier intermédiaire, c'est-à-dire social, les conditions de loyer sont plus restrictives : la location ne peut être consentie à un ascendant ou descendant ; vous continuez à louer après la période minimale de neuf ans.

Vous bénéficiez d'une réduction d'impôt supplémentaire de 4 %, par période triennale. Vous avez également droit à une déduction spécifique de 30 % de vos revenus fonciers.

Avec le Scellier ZRR, vous avez droit, en plus de la réduction d'impôt, à une déduction spécifique de 26 % de vos revenus fonciers. Rappelons pour mémoire que pour les acquisitions antérieures à 2010, le « Borloo », neuf, populaire ou ancien, était réservé à ceux qui s'engageaient sur des conditions de location plus contraignantes, sur les plafonds de loyers ou de ressource des locataires notamment. Pour sa part, le « Borloo » neuf ou populaire complétait les dispositifs « Scellier » ou « Robien » et donne droit à des avantages supplémentaires : déduction spécifique de 30 % sur les loyers bruts, complément de réduction d'impôt ou d'amortissement. Quant au « Borloo » ancien, réservé aux logements loués dans le cadre d'une convention conclue avec l'Anah (Agence Nationale pour l'Habitat) dans le secteur social, il fait bénéficier d'une déduction de 30 % à 40 % des revenus bruts.

N'oubliez pas qu'un bon placement doit avant tout vous convenir, indépendamment de la fiscalité : attention aux risques, au montant des frais, à l'emplacement de votre investissement foncier en vue de sa vente future. L'investissement par le biais de parts de SCPI est plus simple et peut être fait pour des montants peu élevés.

Pourquoi succomber au Scellier ?

Jean Kipétro et Juste Cekifo décident chacun d'investir 200 000 euros dans un appartement qu'ils destinent à la location.

Jean a repéré un appartement dans son quartier qu'il achète avec ses écono-mies. Juste préfère opter pour un appartement labellisé BBC («bâtiment basse consommation énergétique, BBC 2005») acheté dans le cadre du régime Scellier. Il finance son achat au moyen d'un emprunt. Il vérifie que le prix demandé n'est pas surévalué par rapport au marché de l'immobilier, et que la commune dans laquelle il achète son bien manque réellement d'appartements pour la location. La qualité de la construction et l'emplacement du bien lui laissent présager une plus-value future. Il négocie les frais et les diverses commissions applicables.

L'impôt de Jean augmente, compte tenu des revenus fonciers qu'il perçoit, suite à l'achat de son appartement. L'impôt 2012 de Juste baisse, car il bénéficie d'une économie de 13 % de 200 000 euros, soit 26 000 euros répartis sur neuf ans. Grâce à l'emprunt, il s'enrichit et réduit ses revenus fonciers imposables.

Immeubles anciens : Malraux veille

L'État souhaite que le patrimoine historique soit préservé. Depuis des années, il cherche avec constance à motiver le désir de réhabilitation.

Secteurs sauvegardés

La loi Malraux favorise les travaux menés en vue de rénover, selon les règles de l'art, des immeubles situés dans certaines zones sauvegar-dées. Pour les travaux autorisés à compter de 2009, il est possible d'obtenir une réduction d'impôt calculée sur le montant des travaux imposés ou autorisés par l'Administration, et sur les charges telles que les dépenses de réparation, d'entretien ou d'amélioration, les frais de gestion, les frais d'adhésion à une association foncière urbaine de res-tauration, etc. Cette réduction est liée à un engagement de location pendant neuf ans par le propriétaire.

★ La réduction d'impôt est de 22 % à 30 % pour 2012 des dépenses, selon le type de secteur où est situé l'immeuble, sur un montant de dépenses pouvant aller jusqu'à 100 000 euros (article 199 tervicies du CGI).

Immeubles historiques

Pour les amoureux du patrimoine qui possèdent un immeuble considéré comme historique, il est possible de déduire les charges foncières du revenu foncier ou du revenu global selon le cas, en tout ou partie, à condition, notamment, que le propriétaire s'engage à conserver l'immeuble pendant quinze ans.

L'avantage fiscal non plafonné peut s'avérer très conséquent en cas de travaux importants.

Revendiquez le label de la Fondation du patrimoine pour vos espaces naturels

Le fisc lutte pour la préservation du patrimoine naturel et privilégie les heureux propriétaires qui font des dépenses d'entretien, de réparation ou d'amélioration des espaces naturels. Ceux-ci désignent les sites classés, les parcs nationaux, les réserves naturelles nationales, les zones spéciales de protection ou de conservation, les espaces «Natura 2000», etc.

Si vous êtes propriétaire d'espaces naturels et que vous exposez des charges pour protéger le patrimoine naturel, peut-être pouvez-vous entrer dans le cadre de ce régime incitatif? Vous pouvez alors bénéficier d'une réduction d'impôt pour vos dépenses exposées jusqu'en 2013 (autres que les intérêts d'emprunt) en vue du maintien et de la protection du patrimoine naturel. Pour cela, il faut remplir les conditions posées par le Code de l'environnement, obtenir le label de la Fondation du patrimoine relatif aux conditions d'accès du public à l'espace naturel, et faire agréer les dépenses par l'État.

*La réduction d'impôt est égale à 18 % pour 2012 des dépenses retenues dans la limite annuelle de 20 000 euros. Vous pouvez donc gagner 3 600 euros sur une année (article 199 octovicies).

Si la réduction d'impôt dépasse le montant de l'impôt, vous pouvez imputer l'excédent sur l'impôt sur le revenu des années suivantes jusqu'à la sixième comprise.

Si le bien est loué, vous pouvez choisir entre déduction des dépenses des revenus fonciers ou réduction d'impôt. Choisissez l'option la plus avantageuse.

Fisc, le roi vert

Certains investissements dans le secteur forestier sont appréciés par le fisc : bois, forêts ou terrains nus à boiser, conservés pendant au moins quinze ans et gérés selon un mode agréé (plan de gestion, unité de gestion d'au moins cinq hectares ou désenclavement), ainsi que les parts de groupements fonciers (GFA) gardées pendant au moins huit ans bénéficient d'avantages (article 199 decies H du CGI).

*Réduction d'impôt de 18 % pour 2012 du prix d'achat (ou de 60 % du prix des parts pour les sociétés d'épargne forestière) retenu dans la limite de 5 700 euros (11 400 euros pour un couple marié ou pacsé).

Si vous faites des travaux forestiers sur des parcelles que vous vous engagez à conserver huit ans, vous bénéficiez aussi d'une réduction d'impôt sur le revenu : 18 % en 2012 du montant des travaux retenus avec un plafond annuel de 6 250 euros (12 500 euros pour un couple marié ou pacsé).

La rémunération d'un contrat de gestion donne droit à une réduction de 18 % en 2012 du montant versé retenu dans la limite de 2 000 euros pour une personne seule, ou 4 000 euros pour un couple. Une réduc-

163

tion d'impôt est prévue en cas de souscription d'un contrat d'assurance couvrant le risque de tempête.

★Elle s'élève à 76 % de la cotisation en 2012, avec une limite par hectare assuré (9,6 euros en 2012, 7,2 euros en 2013). Le plafond des dépenses concernées est commun avec les travaux forestiers.

Une réduction d'impôt est accordée en cas de versement d'une cotisation pour la prévention des incendies de forêt.

Elle est de 50 % du montant versé dans la limite de 1 000 euros, soit 500 euros d'économie possible (article 200 decies A du CGI).

Plus-values immobilières

Les plus-values immobilières visent en particulier les immeubles, bâtis ou non bâtis, les droits relatifs à des immeubles comme l'usufruit, la nue-propriété ou les servitudes, les parts de sociétés qui sont dites à prépondérance immobilière, c'est-à-dire dont l'actif est majoritairement constitué d'immeubles. Comme déjà indiqué, une plus-value se calcule par la différence entre le prix de vente et le prix d'achat ajusté selon certaines dépenses. Il faut donc avoir fait un profit pour être taxé. La plus-value immobilière réalisée par un particulier est en principe taxée au taux de 19 %, auquel s'ajoutent les contributions sociales de 15,5 %, ce qui porte le prélèvement total à 34,5 %.

Comme nous le verrons plus loin, des exonérations sont possibles.

Attention, à compter de 2013, une nouvelle taxe est applicable sur les plus-values immobilières d'un montant supérieur à 50 000 euros (article 1609 nonies G du CGI). Son taux varie selon le montant de la plus-value. Elle s'ajoute à l'impôt sur revenu au taux de 19 %, lui-même majoré des prélèvements sociaux, ou au prélèvement pour les non-résidents. Cette taxe ne vise pas certaines plus-values exonérées comme celles sur la cession de la résidence principale, sur la première cession d'un logement autre que la résidence principale, ou du fait de l'abattement pour durée de détention. Elle ne vise pas non plus la cession d'un terrain à bâtir, selon une précision de Bercy.

Calcul du prix de revient

On calcule d'abord une plus-value brute, par différence entre le prix de cession et le prix d'acquisition majoré de certains frais et dépenses.

Pour les plus-values taxables, comme il est difficilement envisageable de décider de baisser le prix de cession dans le but de diminuer la plus-value imposée, c'est du côté de l'augmentation du prix de revient que quelques pistes sont à explorer. La plus-value ainsi ajustée peut encore être abattue.

Le prix d'achat retenu est le prix qui a été versé. Il peut être majoré de 7,5 % pour tenir compte des frais d'acquisition à titre onéreux, ou augmenté du montant des frais réels si cela est plus intéressant : frais de notaire, droits d'enregistrement ou TVA, commissions, etc.

Vous pouvez également ajouter le montant des travaux réalisés par une entreprise de construction, rénovation, agrandissement, amélioration, non déjà pris en compte pour une réduction d'impôt sur le revenu. Si l'immeuble est cédé plus de cinq ans après son acquisition, vous pouvez retenir au titre des travaux un forfait de 15 % du prix, sans avoir à fournir de justificatifs.

Si la plus-value n'est pas exonérée, n'oubliez pas de donner au notaire toutes les indications utiles pour ajuster à la hausse le prix de revient. Pensez pour cela à conserver tous les justificatifs relatifs à votre bien. Choisissez entre les méthodes des frais réels ou celles du forfait, selon votre intérêt.

Le forfait est souvent adopté par souci de simplification, mais il est parfois moins avantageux que la prise en compte des frais réels. La méthode selon les frais réels nécessite que vous soyez organisé et que vous conserviez toutes les factures. Une bonne surprise peut vous attendre, surtout si votre bien est relativement ancien, et que vous l'avez régulièrement entretenu grâce à des travaux dont vous avez gardé les justificatifs.

Pour les ventes d'immeubles acquis en l'état futur de rénovation, le prix d'achat à retenir pour le calcul de la plus-value comprend le prix de l'existant et celui des travaux.

La plus-value immobilière réalisée par les particuliers est en principe déclarée par le notaire. Les cédants de parts de sociétés immobilières souscrivent eux-mêmes une déclaration spécifique.

Exonération en cas de cession inférieure à 15 000 euros

Certaines plus-values sont exonérées: résidence principale, cession inférieure à 15 000 euros, cession réalisée par certains retraités ou personnes titulaires de la carte d'invalidité non passible de l'ISF et dont le revenu de référence n'excède pas certaines limites. Recherchez si vous n'êtes pas visé par un texte vous exonérant.

Le plafond des 15 000 euros permettant d'obtenir une exonération de la plus-value sur un immeuble, une partie d'immeuble, ou un droit relatif à un immeuble, s'apprécie bien par bien. Attention, si vous cédez de façon isolée l'usufruit ou la nue-propriété d'un bien, le seuil s'apprécie par rapport à la valeur de la pleine propriété. Si vous cédez un bien détenu en indivision, il s'apprécie pour chaque quote-part indivise.

Si vous réalisez plusieurs cessions de biens pour une valeur inférieure à 15 000 euros, chaque plus-value réalisée est exonérée. Difficile aujourd'hui d'imaginer un bien immobilier d'une valeur inférieure à 15 000 euros? Cela peut vous concerner si vous détenez un petit local du type garage ou parking, ou un bien en indivision, car la limite est appréciée sur votre quote-part.

Abattement de la plus-value rogné par la rigueur

Si vous avez vendu avant le 1er février 2012

Au bout de cinq ans de détention du bien, on accordait une baisse de la plus-value de 10 % par année de détention au-delà de la cinquième. Ainsi pour un immeuble détenu depuis plus de quinze ans, la plus-value était complètement effacée.

Si vous vendez un bien après le 1er février 2012

Pour les plus-values constatées au titre des **cessions** réalisées **à compter du 1er février 2012**, le nouvel abattement est de :

- 2 % pour chaque année de détention au-delà de la cinquième ;
- 4 % pour chaque année de détention au-delà de la dix-septième ;
- 8 % pour chaque année de détention au-delà de la vingt-quatrième.

Faites le compte : cela signifie que votre plus-value peut être effacée au bout de trente ans de possession. Une patience récompensée, mais devenue vraiment contraignante (article 150 VB à VG du CGI) !

Dates d'entrée en vigueur spécifiques pour certaines opérations

Pour les apports d'immeuble en société, ce système s'applique depuis le 25 août 2011.

Les cessions de terrains nus constructibles qui ont fait l'objet d'une promesse de vente avant le 25 août 2011 et dont la vente est conclue avant le 1er janvier 2013 bénéficient de l'abattement de 10 % au-delà des cinq ans de détention.

Autant que faire se peut, essayez de garder vos immeubles assez longtemps pour abattre la plus-value en tout ou partie, donc au minimum six ans. Si vous envisagez de faire un placement à long terme, l'aspect plus-value est important, et son exonération au bout de trente ans constitue un facteur à prendre en compte pour vos projets. Mais qui sait ce que sera devenu cet abattement d'ici trente ans ?

Chef d'entreprise, pensez-y lorsque vous vous interrogez pour savoir si vous placez votre immobilier d'entreprise dans votre patrimoine personnel ou professionnel.

Les systèmes d'exonération récents

La plus-value dégagée par la **première cession d'un logement par une personne qui n'est pas propriétaire de sa résidence principale** est exonérée si, dans les vingt-quatre mois de la cession, elle utilise le prix de vente pour acquérir sa résidence principale. Cela concerne les opérations réalisées à compter du 1er février 2012 (article 150 U, II-1° du CGI). Veillez alors à ce que l'acte indique bien le montant de la plus-value exonérée, la fraction des droits du bénéficiaire sur le prix de cession, et le fait que vous destinez ce montant au remploi dans l'acquisition ou la construction de votre résidence principale.

Afin de favoriser la construction de nouveaux locaux d'habitation, la plus-value générée par la **cession de droits de surélévation** est exonérée si l'acquéreur prend l'engagement de construire des logements dans le délai de quatre ans. Il convient de respecter cet engagement, faute de quoi une amende égale à 25 % du prix des droits acquis serait applicable. La vente doit être réalisée entre le 1er janvier 2012 et le 31 décembre 2013. Il s'agit donc d'un régime très temporaire (article 150 U, II-9° du CGI).

La **plus-value réalisée par une personne retraitée ou invalide** de condition modeste qui réside en maison de retraite ou dans un foyer d'accueil et qui cède son ancienne résidence principale dans les deux ans après l'avoir quittée est exonérée : cela vise les cessions réalisées à compter du 30 décembre 2011 (article 150 U, II-1° ter du CGI).

Une plus-value bien réduite grâce aux justificatifs des dépenses

En juin 2012, Jean Kipétro et Juste Cekifo vendent chacun 200000 euros un immeuble acheté en juin 2000 pour 90000 euros. Les frais d'acquisition se sont chiffrés à 9000 euros. Ils ont fait des travaux pour 50000 euros.

Jean n'a pas gardé les justificatifs de ses dépenses relatives à l'immeuble. Il calcule la plus-value :

Prix d'acquisition : 90000 euros

Forfait de 7,5 % pour le frais d'acquisition : 6750 euros

Forfait de 15 % pour travaux : 13500 euros

Prix de revient : 110250 euros

Prix de vente : 200000 euros

Plus-value brute : 200000 − 110250 = 89750 euros

Abattement de 10 % par an au-delà de cinq ans = - 44875 euros

Abattement fixe : - 1000 euros

Plus-value imposable : 43875 euros

L'impôt de Jean Kipétro, contributions sociales comprises, est de **15136 euros**.

Juste, très organisé, a gardé les justificatifs, et demande à son notaire de calculer la plus-value selon ses frais réels :

Prix d'acquisition : 90000 euros

Frais d'acquisition : 9000 euros

Travaux : 50000 euros

Prix de revient : 149000 euros

Prix de vente : 200000 euros

Plus-value brute : 200000 − 149000 = 51000 euros

Abattement de 10 % par an au-delà de cinq ans = 25500 euros

Abattement fixe : - 1000 euros

Plus-value imposable : 24500 euros

L'impôt de Juste Cekifo, contributions sociales comprises, est de **8452 euros**. Il paie donc 15136 - 8452 = **6684 euros de moins** que Jean Kipétro. Il est encore plus intéressant de procéder comme Juste avec le rallongement du délai de l'abattement, à compter de 2012, car en cas de cession prématurée, il est opportun de gérer le calcul de la plus-value avant abattement.

Votre meilleur placement?
La résidence principale

Vous économisez pour devenir propriétaire?
Un premier pas aidé par le fisc

Les placements appropriés pour recueillir vos économies dans le but d'acheter votre logement sont le Compte Épargne Logement (CEL) et le Plan d'Épargne Logement (PEL). Ces produits d'épargne permettent d'obtenir un prêt à un taux plus ou moins intéressant selon le taux du marché.

En ouvrant un CEL, vous pouvez placer un montant pouvant atteindre 15 300 euros, ce qui vous permet de bénéficier d'un prêt et de percevoir une prime exonérée d'impôt sur le revenu, mais soumise aux prélèvements sociaux de 15,5 %.

Les revenus dégagés pendant les douze premières années des versements sur un PEL, ainsi que la prime d'épargne, sont exonérés d'impôt sur le revenu, mais pas des prélèvements sociaux.

Vous pouvez également placer vos économies sur votre PEE. Dans la mesure où vous en retirez des sommes afin de financer votre acquisition, vous percevez les montants retirés en exonération d'impôt sur le revenu, donc sans pénalisation, même si vous le faites pendant le délai de blocage de cinq ans. Avez-vous pensé à utiliser le maximum de l'abondement de l'employeur avant de réaliser votre projet d'achat et, pourquoi pas, à décaler un projet d'achat jusqu'au début de l'année qui suit afin de bénéficier des avantages sur une année de plus?

Vous aviez emprunté avant 2011?
Le fisc vous sponsorise toujours

Si vous aviez emprunté pour acheter votre résidence principale avant le 1er janvier 2011, vous obtenez un crédit d'impôt qui peut être conséquent si vous êtes fortement endetté.

Ce crédit d'impôt n'est valable que si l'offre de prêt a été émise avant le 1er janvier 2011 et si l'acquisition ou la déclaration d'ouverture du chantier se situe avant le 30 septembre 2011.

*Le montant du crédit d'impôt est de 40 % des intérêts pour la première annuité et de 20 % pour les quatre annuités suivantes (36 % et 18 % si acquisition en 2011). Les logements neufs doivent respecter certaines normes thermiques et de performance énergétique ; aussi, les taux de 40 % et de 20 % (36 % et 18 % si acquisition en 2011) sont-ils réduits à 30 % et 15 % pour les logements neufs acquis en 2010 qui ne répondent pas à la norme BBC, et à 22 % et 9 % pour une acquisition en 2011. Si vous aviez acheté ou fait construire un logement labellisé BBC, le crédit d'impôt est de 40 % (36 % si acquisition en 2011) pour les sept premières annuités. Les intérêts payés sont retenus à hauteur de 3 750 euros (7 500 euros pour un couple marié ou pacsé), majorés de 500 euros par personne à charge (250 euros en cas de garde alternée). Ce montant est doublé si le foyer fiscal accueille une personne titulaire de la carte d'invalidité (article 200 quaterdecies du CGI).

En pratique

Verdissez votre résidence

Jean Kipétro et Juste Cekifo ont acheté en 2010 leur résidence principale. Jean achète un logement ancien et Juste choisit une maison ultra-verte répondant à la norme BBC. Ils sont mariés sans enfants. Ils ont emprunté la quasi-totalité du prix de la maison.

Jean bénéficie d'un crédit d'impôt de 40 % des intérêts la première année et de 20 % les quatre années suivantes. L'impôt de Jean Kipétro sur cinq ans sera réduit de **9 000 euros**.

Juste bénéficie d'un crédit d'impôt de 40 % des intérêts pendant sept ans. L'impôt de Juste Cekifo sur sept ans sera réduit de **21 000 euros**. Il paie donc 21 000 − 9 000 = **12 000 euros de moins** que Jean Kipétro au titre de l'emprunt sur sa résidence principale.

171

Prêt à taux zéro (PTZ) depuis 2011

Il s'agit de prêts à taux zéro favorisant soit la première accession à la propriété de votre résidence principale, soit les travaux d'amélioration de la performance énergétique d'un logement ancien utilisé comme résidence principale. Ces prêts sont financés par un système de crédit d'impôt accordé aux organismes de crédit qui octroient les prêts.

Le PTZ pour première accession à la propriété

L'ancien système de déduction des intérêts d'emprunt a été remplacé par un système de prêt à taux zéro + accessible jusqu'au 31 décembre 2014 aux primo-accédants (article 244 quater V du CGI).

Cela concerne les personnes qui achètent ou font construire leur résidence principale en première accession à la propriété, c'est-à-dire ceux qui n'ont pas été propriétaires de leur résidence principale au cours des deux années précédant la demande. Des dérogations sur cette condition sont prévues pour les personnes handicapées ou ayant subi une catastrophe les ayant contraints à déménager. Des conditions de ressource sont exigées. Le logement financé doit en principe être neuf, sauf s'il s'agit de logements anciens du parc social vendus à ses occupants pour un prix minoré. Pour les prêts émis à compter de 2013, de nouvelles performances énergétiques concernant les logements neufs sont exigées.

Le montant du prêt varie notamment selon les ressources, la localisation du logement ou son caractère neuf ou ancien. Le simulateur accessible sur le site http://www.developpement-durable.gouv.fr/spip.php?page=simulateur vous indique à quel montant de PTZ vous avez droit. Rentrez vos données. Ne le négligez pas. Vous verrez que cette aide est appréciable ! Veillez à respecter les conditions requises sur la durée de l'emprunt.

 Les plafonds de ressources ont été baissés par la loi du 29 décembre 2012, le gouvernement souhaitant recentrer cette aide sur les familles plus modestes.

L'éco PTZ, quant à lui, vise les prêts accordés jusqu'au 31 décembre 2013 pour la réalisation de travaux d'amélioration de la performance énergétique des logements achevés avant le 1er janvier 1990 destinés à être utilisés comme résidence principale. Le montant du prêt dépend notamment du lieu de situation du bien, du nombre de personnes logées, de la performance énergétique et du caractère ancien ou neuf de la résidence.

Les travaux sont soumis à des caractéristiques techniques précises. Sont notamment visés l'isolation thermique des toitures ou des murs donnant sur l'extérieur, l'isolation thermique performante des parois vitrées, l'installation ou le remplacement de systèmes de chauffage par des équipements, ou encore les travaux permettant d'atteindre une performance énergétique globale minimale (article 244 quater U, I-2, 1° du CGI).

Pour les offres de prêt émises à compter d'avril 2012, les syndicats de copropriétaires pourront bénéficier d'un éco-PTZ afin de financer des travaux d'intérêt collectif sur des parties privatives ou des travaux portant sur des parties communes. L'éco-PTZ collectif est plafonné à 30 000 euros par logement.

Vous équipez votre maison ?

Profitez des avantages relatifs aux dépenses en faveur de l'aide à la personne, découlant d'un plan de prévention des risques, ou pour le développement durable.

Pour retrouver toutes les économies liées aux dépenses pour la maison, rendez-vous au chapitre 7 de la deuxième partie.

ISF : la valeur de la maison est abattue

La valeur de votre habitation est diminuée d'un abattement de 30 % pour l'assiette de l'ISF.

Exonération de taxe foncière sur les constructions nouvelles

Si vous faites construire ou agrandir votre habitation, vous bénéficiez d'une exonération de taxe foncière pendant deux ans sur les constructions neuves.

Afin d'être à même de prouver que vous remplissez les conditions d'exonération, n'oubliez pas de faire les formalités de déclaration d'achèvement des travaux dans les quatre-vingt-dix jours qui suivent la fin. Les logements économes en énergie peuvent, selon les communes, bénéficier d'exonérations supplémentaires. Renseignez-vous auprès de votre mairie.

Taxe foncière et taxe d'habitation selon la situation au 1er janvier

Elles sont dues pour l'année entière par le propriétaire ou l'occupant au 1er janvier.

Si vous occupez ou achetez votre logement après le 1er janvier, la taxe foncière n'est pas due au fisc. Votre vendeur peut prévoir de vous réclamer un prorata de taxe foncière, selon votre date d'acquisition.

Plafonnement de la taxe foncière pour les revenus modestes

Compte tenu de la suppression du bouclier fiscal, à compter de 2012, les personnes disposant de revenus modestes bénéficient d'un plafonnement de la taxe foncière de leur habitation principale qui ne peut excéder 50 % de leurs revenus. Cela ne bénéficie pas aux personnes assujetties à l'ISF (article 1391 B du CGI).

Le revenu fiscal de référence ne doit pas excéder 24 043 euros pour une personne seule, majoré de 5 617 euros pour la première demi-part supplémentaire et de 4 421 euros pour chaque demi-part suivante.

Le dégrèvement correspondant doit être demandé à votre service des impôts au plus tard le 31 décembre de l'année suivant celle d'émission du rôle ou de l'avis d'imposition, c'est-à-dire le 31 décembre 2013 pour la taxe foncière 2012. N'hésitez pas à vous déplacer à votre centre des impôts dès réception du rôle afin de ne payer que ce que vous devez.

Déduction en cas de location pour raisons professionnelles

Si vous devez quitter votre résidence pour des raisons professionnelles et la donner en location, vous pouvez bénéficier d'une déduction spécifique de 10 % sur les loyers perçus pendant trois ans, ou jusqu'à la date d'acquisition de votre nouvelle résidence principale.

Jackpot fiscal sur la plus-value

La plus-value réalisée en cas de cession de la résidence principale est totalement exonérée.

Vous avez en principe un an à compter de votre déménagement pour vendre votre résidence en exonération de plus-value. Compte tenu des difficultés actuelles du secteur de l'immobilier, vous avez sûrement intérêt à attendre d'avoir vendu votre bien avant de déménager. Un an, cela passe vite. Une disposition spécifique est prévue pour les personnes âgées ou invalides devant quitter leur maison pour un établissement adapté. Voici un petit «plus»: prévoyez dans l'acte de vente que la taxe foncière soit prise en charge par l'acheteur au prorata de la durée de propriété à compter de la signature de l'acte; ou mieux, faites-vous régler cette taxe le jour de la signature de l'acte sur la base de la taxe foncière de l'année précédente. En général, c'est accepté sans problème par l'acheteur et allège vos impôts de l'année en cours. Pour les personnes âgées ou invalides qui partent vivre dans un établissement spécialisé, un délai de vingt-quatre mois est possible pour vendre. Ce sujet est traité dans les chapitres 4 et 5 de la partie I qui les concernent particulièrement.

Pourquoi une SCI?

Vous pouvez détenir votre immeuble en direct ou en possédant des titres d'une société qui est propriétaire de l'immeuble. La Société Civile Immobilière (SCI) est la forme de société la plus utilisée par les particuliers pour détenir indirectement un bien immobilier. La SCI détient l'immeuble à l'actif de son bilan. Si elle a emprunté pour acheter le bien, les dettes sont inscrites au passif.

Pourquoi créer une SCI? Sa création ne doit pas être automatique, contrairement à l'idée communément répandue, parfois à tort. Ne créez une SCI que si vous avez une bonne raison de le faire. La raison principale n'est pas nécessairement fiscale. La SCI est un bon outil de gestion patrimoniale, à condition d'avoir rédigé les statuts de façon appropriée, ce qu'en général seul un professionnel sait faire. N'oubliez pas que la gestion d'une SCI requiert aussi un certain formalisme.

Voici quelques bonnes raisons pour créer une SCI.

- Si vous souhaitez faire une acquisition soumise à la TVA ou avec des travaux soumis à TVA: en effet si vous faites acheter le bien par une SCI qui opte pour la TVA selon les modalités requises, elle pourra récupérer la TVA sur ses dépenses.

- Si vous souhaitez transmettre la propriété d'un immeuble par tranches: la détention d'un immeuble au moyen d'une SCI peut vous permettre de bénéficier des abattements applicables tous les six ans en matière de droits de donation. Cela est possible en transmettant une partie des parts de la SCI, alors que la transmission à titre gratuit d'un immeuble ne peut être fractionnée.

- Si vous devez détenir un immeuble avec d'autres personnes, soit parce que vous l'achetez ensemble, soit parce que vous bénéficiez d'une transmission à titre gratuit: la détention d'un immeuble en indivision, donc sans passer par une SCI, peut entraîner quelques soucis de gestion en cas de désaccord. Pour certaines décisions concernant l'immeuble détenu en indivision, l'unanimité des indivisaires peut être nécessaire, ce qui n'est pas toujours facile. Avec une SCI, les associés peuvent préciser les règles du jeu en adoptant une rédaction appropriée des statuts. Le gérant peut ainsi avoir tout pouvoir ou un pouvoir limité à certains actes ou contrôlé.

- Si vous souhaitez faire profiter à vos enfants de l'achat d'un bien financé par emprunt: vous pouvez créer une SCI à laquelle vos enfants sont associés. La SCI emprunte le montant nécessaire à l'achat. Au fur et à mesure du remboursement de l'emprunt, la valeur de la part de chacun augmente. Tous les associés en bénéficient.

- Si vous vivez en concubinage et souhaitez transmettre un bien immobilier, une technique compliquée de démembrement croisé des parts de la SCI, à voir en détail avec votre notaire, peut permettre au concubin survivant de rester dans les murs à moindre coût fiscal.

SCI et transmission

Jean Kipétro et Juste Cekifo souhaitent transmettre à leur fils un immeuble d'une valeur de 700 000 euros.

Jean détient son immeuble en direct. Son enfant reçoit une valeur de 700 000 euros dont il déduit l'abattement de 100 000 euros. Il calculera les droits de donation sur une base de 540 675 euros.

Juste, lui, a constitué une SCI pour acquérir l'immeuble. Il décide de donner à son fils un nombre de parts de la SCI dont le montant est égal à celui de l'abattement de 100 000 euros. Il renouvellera la donation tous les quinze ans en utilisant ainsi la possibilité d'abattement. Son fils ne paie donc pas de droits d'enregistrement sur la donation. Le fils de Jean Kipétro paiera des droits sur la donation alors que le fils de Juste Cekifo les évitera.

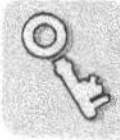

Avant de créer une SCI, faites-vous conseiller par un avocat au vu de votre situation actuelle, de vos motivations et de vos projets, notamment de location, de transmission ou d'utilisation professionnelle. Prenez en compte les aspects TVA, impôt sur le revenu, ISF et droits d'enregistrement, étant précisé qu'une décote est possible pour l'évaluation des parts.

Ne laissez pas vos logements vacants

Une taxe frappe les logements habitables laissés délibérément vacants dans une liste de communes fixée par décret, dont le nombre d'habitants est supérieur à cinquante mille.

Pour éviter cette taxe, il faut pouvoir justifier que le logement a été occupé pendant plus de quatre-vingt-dix jours consécutifs au cours de l'année précédente.

Attention, si le logement vacant pendant cinq ans échappe à cette taxe, la commune peut décider de le soumettre à la taxe d'habitation.

Chapitre 13

ISF : réveillez votre fortune

> *« Échapper à l'impôt sur la fortune,*
> *c'est la revanche de la cigale sur la fourmi »*
> **Guy Bedos**

L'impôt de solidarité sur la fortune (ISF) est dû sur la valeur nette des biens du foyer fiscal au 1er janvier de l'année si elle dépasse 1 300 000 euros.

Vous pensez ne pas être fortuné, mais il peut être sage de le vérifier chaque année. Votre patrimoine est-il toujours en dessous du seuil, alors que vous possédez un petit chalet à la montagne dans une station de ski devenue très fréquentée, et que le pavillon de votre voisin en banlieue parisienne vient de se vendre 900 000 euros ?

Si vous oubliez de déclarer, vous risquez des pénalités et l'Administration dispose d'un délai plus long pour vous redresser (en gros six ans au lieu de trois). En cas de doute, faites une simulation pour décider à bon escient de déclarer, ou pas.

Il ne s'agit pas ici de dresser un état détaillé de toutes les règles relatives à l'ISF, mais plutôt de guider votre réflexion dans le but de diminuer le montant à payer. La première étape consiste à recenser et évaluer les biens concernés. Il est ensuite opportun d'identifier les placements malins, afin d'organiser judicieusement le patrimoine. On vérifie enfin l'application du plafond de l'ISF par rapport aux revenus.

Première opération : recensez et évaluez vos biens à la date du 1er janvier

La bonne nouvelle est que depuis la loi votée en juillet 2011, les personnes dont le patrimoine est compris entre 800 000 euros et 1 300 000 euros ne sont plus taxables.

Il faut donc posséder un patrimoine au moins égal à 1 300 000 euros pour payer l'ISF.

Faites le tri entre ce qui est taxé et ce qui ne l'est pas, ou l'est moins

Faisons le tri dans les actifs concernés par la question de l'ISF, c'est-à-dire notamment les immeubles, bâtis ou pas, les droits réels immobiliers (usufruit, droit d'usage, etc.), les biens ruraux, les bois et forêts, les parts ou actions, les droits sociaux, les liquidités, les créances, les bijoux, etc. Certains sont exonérés en tout ou partie.

Outil de travail exonéré

Les biens professionnels sont exonérés d'ISF (articles 885 N et 885 R du CGI).

Il peut s'agir d'une entreprise individuelle, des titres de sociétés ou de certains biens ruraux. Ces biens sont utilisés dans le cadre d'une activité professionnelle exercée à titre principal par leur propriétaire ou son conjoint. Ils sont nécessaires à l'exercice de la profession.

Afin d'éviter les abus, le fisc a précisé des critères précis à respecter au sujet des titres des sociétés, tenant notamment à la nature des fonctions de dirigeant exercées par le détenteur des titres, au pourcentage de détention du capital et à la suffisance et à la prépondérance de la rémunération par rapport aux autres revenus.

Si vous travaillez dans la société qui vous appartient en tout ou partie, pensez à bien respecter tous les critères afin de bénéficier de l'exonération, et notamment à percevoir une rémunération suffisante du point de vue du fisc. Si vous avez besoin d'utiliser un immeuble pour les besoins de votre profession, au lieu de le louer à un tiers, pensez à étudier l'alternative de l'achat à titre personnel ou professionnel, avec souscription d'un emprunt.

Enfin, si vous envisagez la cession de vos biens professionnels ou la cessation de votre activité, cela entraînera la fin de l'exonération des biens professionnels et des immeubles loués à votre société d'exploitation. Ayez le bon réflexe. Faites-vous conseiller sans attendre la requalification des biens, en faisant le lien avec l'organisation de la transmission de votre entreprise, par exemple en faisant entrer en scène vos enfants au bon moment.

Si vous souhaitez céder un bien exonéré dont la valeur deviendra ensuite taxable, vous pouvez gagner un an d'ISF en le cédant après le 1er janvier.

Des abattements ou exonérations à apprécier au cas par cas

Des abattements plus ou moins importants, voire des exonérations, sont appliqués à divers biens.

Votre **résidence principale** : comme déjà indiqué, sa valeur subit un abattement de 30 %.

Biens détenus en nue-propriété : le principe est que le nu-propriétaire est exonéré et que, sauf exception, c'est l'usufruitier qui détient la valeur totale du bien dans l'assiette de l'ISF.

Parts ou actions de sociétés avec un engagement collectif de conservation, dit « Pacte Dutreil » : une exonération de 75 % est appliquée sur la valeur des titres des sociétés ayant une activité industrielle, commerciale, artisanale, agricole ou libérale qui sont soumis à un engagement collectif de conservation (« Pacte Dutreil »). Un seuil minimum de participation est exigé : 20 % pour les sociétés cotées, 34 % pour les sociétés non cotées. L'un des associés qui a signé l'engagement doit exercer des fonctions de direction dans l'entreprise. L'engagement de conservation est soumis à des conditions de durée.

Investissements dans des entreprises : sous conditions, peuvent être exonérés d'ISF les titres reçus en contrepartie de certaines sous-criptions directement au capital de PME ayant une activité industrielle, commerciale, artisanale, agricole ou libérale, ou par le biais de hol-ding ou de fonds spécifiques, comme les Fonds d'Investissement de Proximité (FIP).

Assurance-vie : pour les contrats d'assurance-vie non rachetables souscrits depuis le 20 novembre 1991 uniquement, ne sont pas pris en compte les montants versés avant l'âge de soixante-dix ans ; l'assiette de l'ISF n'inclut que les versements faits après soixante-dix ans pour leur valeur nominale. Pour les contrats rachetables, on retient la valeur de rachat. Faites le point avec votre assureur sur la valeur à prendre en compte.

Bons de capitalisation : pour le moment, ils ne sont retenus que pour leur montant nominal, ce qui est avantageux. Faites-vous confirmer le montant à déclarer par votre banquier.

Participation dans la société dont vous êtes salarié ou mandataire social : à condition notamment de s'engager à conserver les parts ou actions pendant au moins six ans, vous pouvez bénéficier d'une exonération des trois quarts de la valeur des titres détenus dans une société ayant une activité industrielle, commerciale, artisanale, agri-cole ou libérale.

Objets d'art et de collection : de manière générale, les amateurs d'art sont privilégiés. Du point de vue de l'ISF, il vaut mieux posséder des objets d'art que de l'argent sur son compte. C'est le moment de se faire un cadeau « magnifisc ». Passionné de voiture de collection, réjouissez-vous. Elles peuvent être un excellent véhicule d'exonération à condition d'avoir un caractère historique, une originalité technique, ou d'être éditées en série limitée. Si vous les achetez pour des raisons fiscales, assurez-vous qu'elles soient bien «de collection» au sens du fisc, et pas seulement de votre point de vue ou de celui du vendeur.

Le Code général des impôts (annexe IX, A, B et C) définit de façon précise les œuvres d'art, les objets de collection et les antiquités. Il convient donc de s'y référer en ce qui concerne les détails. Les œuvres d'art correspondent aux tableaux et dessins entièrement exécutés à la main par l'artiste, aux gravures, estampes et lithographies originales, aux productions originales de l'art statuaire ou de la sculpture en toutes matières dès lors que les productions sont exécutées entièrement par l'artiste, aux tapisseries, aux exemplaires uniques de céramique, entièrement exécutés par l'artiste et signés par lui, aux émaux sur cuivre, entièrement exécutés à la main, aux photographies prises par l'artiste. Le nombre d'exemplaires peut être limité. Les objets de collection peuvent concerner les timbres, les collections et spécimens pour collections de zoologie, de botanique, de minéralogie, d'anatomie, ou présentant un intérêt historique, archéologique, paléontologique, ethnographique ou numismatique.

Au-delà de cette définition légale, le point de savoir si un bien constitue un objet de collection est une question de fait, c'est-à-dire dont la réponse varie au cas par cas selon que l'objet respecte ou pas les critères suivants: ancienneté, rareté, prix important, intérêt historique, appartenance antérieure à un personnage célèbre.

Les antiquités sont les biens, autres que des objets d'art et des objets de collection, ayant plus de cent ans d'âge.

Droits de la propriété industrielle: les droits découlant notamment des brevets, modèles, marques, ne sont pas compris dans la base d'imposition à l'ISF de leur inventeur, même s'ils ne sont pas exploités par lui.

Droits de propriété littéraire et artistique: ils ne sont pas compris dans la base d'imposition à l'ISF de l'auteur.

Biens ruraux: si vous détenez des biens à la campagne, peut-être sont-ils donnés à bail à long terme? C'est un bon début du point de vue de l'ISF, car ils peuvent alors, à certaines conditions relatives notamment à la destination des terres, à la qualité du locataire, à la durée du bail, bénéficier d'une exonération en tant que biens professionnels. Les parts de Groupement Foncier Agricole (GFA) peuvent également être visées par l'exonération. Si les conditions ne sont pas remplies pour qu'ils soient qualifiés de biens professionnels, les biens ou parts peuvent être exonérés de 75 % si leur valeur n'excède pas 100 000 euros et de 50 % au-delà de cette valeur.

Si vous possédez une propriété à la campagne, sans doute pouvez-vous mettre en place un bail pour échapper en tout ou partie à l'ISF.

Pour cela, faites-vous conseiller par un spécialiste avisé, au regard des éléments précis de votre dossier et des règles les plus récentes.

Évaluez au prix du marché

Vous devez retenir la valeur réelle de vos biens, c'est-à-dire le prix que le jeu normal de l'offre et de la demande vous permettrait de retirer de la vente de votre bien. Les méthodes d'évaluation admises par le fisc varient selon les actifs concernés. Il faut pouvoir les justifier.

Ainsi, **les titres cotés en Bourse** s'évaluent par rapport aux cours de Bourse. **Les immeubles** peuvent faire l'objet d'une expertise. Des barèmes sur le cours de l'immobilier sont régulièrement publiés. **Les voitures** suivent le cours de l'argus, avec une petite décote possible.

Pour les meubles meublants, c'est-à-dire le mobilier, vous avez le choix : soit vous laissez faire le fisc, qui retient un forfait égal à 5 % de vos biens, soit vous faites un inventaire ou une évaluation globale. Il peut être judicieux de faire la comparaison entre le forfait et l'évaluation, surtout si vous avez un immeuble qui s'est apprécié avec le temps, mais que votre mobilier n'a plus qu'une valeur sentimentale.

Pour les biens assurés contre le vol ou l'incendie, attention : le fisc peut comparer la valeur déclarée avec la valeur assurée. Si votre évaluation est bien faite, le fisc sera moins tenté de la remettre en cause. Collectez les justificatifs. N'hésitez pas à mettre à jour la valeur estimée l'année d'avant. Suivez en particulier l'évolution du marché immobilier.

Interrogez-vous sur la valeur véritable de vos meubles avant de laisser, par simplicité, l'Administration appliquer le forfait mobilier. Notez tous les défauts de vos biens pour pouvoir les mettre en avant afin de pouvoir défendre, si nécessaire, une estimation plus basse que celle du marché.

Un peu d'ingénierie

Avant tout, anticipez. Pensez à évaluer votre patrimoine chaque année afin de pouvoir détecter un éventuel franchissement du seuil. Vous éviterez ainsi un redressement de la part du fisc, qui dispose aussi d'un délai plus long si vous omettez de déclarer. Plus le patrimoine est important et diversifié, plus vous aurez de souplesse pour optimiser l'ISF. Privilégiez les placements exonérés en tout ou partie, gérez vos passifs et pensez aux placements qui donnent droit à une réduction d'impôt. Cependant, comme déjà indiqué, ne déterminez pas vos placements uniquement en fonction de l'économie fiscale qui leur est attachée, le risque étant de négliger l'analyse financière indispensable.

Organisez votre patrimoine

Jouez sur le système des vases communicants. Si vous n'utilisez pas certains de vos avoirs, et que ceux-ci sont soumis à l'ISF, pourquoi ne pas les transformer en biens exonérés ou les investir de façon à obtenir des réductions? Par exemple, si vous avez des liquidités disponibles, songez à les investir dans un bien exonéré.

Comme déjà indiqué, la résidence principale est un très bon placement du point de vue fiscal. En ce qui concerne l'ISF, si vous avez le choix, il vaut mieux acheter sa résidence principale, bénéficiant d'un abattement de 30 %, et louer sa résidence secondaire, que l'inverse. Évitez les montages artificiels uniquement destinés à échapper à l'ISF, sous peine de subir quelques désagréments administratifs, puis financiers. Rappelez-vous que le fisc, qui accepte sans difficulté qu'entre deux solutions fiscales vous choisissiez la moins coûteuse, n'aime pas du tout que l'on abuse du droit pour le berner, même si parfois l'interprétation littérale des textes semble le permettre. Pour des optimisations acrobatiques, entourez-vous d'un conseil compétent, ayant si possible également une expérience de la défense des contentieux pour vous aider à les prévenir. Faites le point sur vos passifs, impôts y compris, et, si possible, organisez vos dettes en les affectant sur des biens taxables.

En cas de démembrement de la propriété d'un bien, le principe est que seul l'usufruitier est imposé comme s'il était propriétaire du bien. Si vous êtes dans une situation le permettant, pensez à transférer l'usufruit à une personne qui ne serait pas soumise à l'ISF. Il est par exemple possible, sauf abus de droit, d'étudier un démembrement dans l'idée d'une avance de succession. Une donation temporaire d'usufruit, qui se justifie par des raisons autres que fiscales, par exemple à un étudiant qui s'installe, permet de sortir temporairement le bien de l'assiette de l'ISF. N'oubliez pas que si vous donnez l'usufruit d'un bien, il échappera à l'ISF chez le bénéficiaire, dans la mesure où son patrimoine net reste toujours en dessous de 1 300 000 euros. Dans tous les cas, sur ce sujet qui peut être acrobatique, faites-vous conseiller.

Le fisc est particulièrement bienveillant pour les donations temporaires d'usufruit au profit des associations et fondations reconnues d'intérêt général, à condition, notamment, qu'elles durent au minimum trois ans, ou lorsque le démembrement de propriété résulte d'un don ou d'un legs à une association reconnue d'utilité publique. Par ailleurs, pour les emprunts souscrits auprès de particuliers, pensez à faire un contrat et à l'enregistrer. Enfin, si vous êtes débiteur d'une prestation compensatoire, savez-vous que vous pouvez déduire de votre patrimoine la valeur de capitalisation de la prestation versée sous forme de rente ? C'est en gros le montant actualisé de la valeur totale de la rente. Le fisc considère, à juste titre, que cette somme ne fait plus partie de votre fortune, même si elle est encore sur votre compte en banque.

Si vous avez l'intention de céder un bien professionnel exonéré, le fait de différer la vente après le 1er janvier de l'année suivante vous fait gagner une année d'exonération d'ISF sur le produit de la vente. De façon symétrique, si vous avez l'intention d'utiliser des liquidités pour faire un investissement exonéré d'ISF, votre intérêt est de le faire avant le 1er janvier de l'année suivante.

Choisissez des placements donnant droit à une réduction d'impôt

Le législateur a voulu favoriser les investissements, directs ou indirects, dans la plupart des PME, et, comme en matière d'impôt sur le revenu, a mis en place une réduction d'ISF liée à la souscription de titres de sociétés et à leur conservation.

Souscription au capital de PME

Les économies sont de 50 % du versement, limitées à 45 000 euros sur les investissements en direct dans une PME ou une holding la détenant.

Souscription de parts de fonds d'investissement

Autres économies : 50 % du versement, limitées à 18 000 euros sur les placements agréés *via* un Fonds d'Investissement de Proximité (FIP), ou un Fonds Commun de Placement dans l'Innovation (FCPI).

Dons

Enfin, des économies de 75 % du versement, limitées à 45 000 euros, concernent les dons aux organismes d'intérêt général ou certaines associations reconnues d'utilité publique accompagnant la création ou la reprise des entreprises. La réduction d'ISF est plafonnée à 45 000 euros pour le cumul de ces trois réductions.

Les dernières lois de finances ont posé de nouvelles conditions relatives à l'activité de la PME, au nombre de salariés, au formalisme, à un éventuel remboursement antérieur des apports, aux sociétés holding, à la composition des fonds, et certaines exclusions qu'il convient de vérifier dans le détail. Aucun remboursement de l'apport ne doit intervenir dans les dix ans. Les titres sont gardés cinq ans minimum. Pour des montants très importants, vérifiez aussi l'incidence des règles d'encadrement communautaire. En cas de souscription *via* une société holding, le montant n'est retenu qu'à proportion des versements effectués par la société holding elle-même au titre des souscriptions au capital de PME. Pour le FIP et les FCPI, de nombreux critères sont également à respecter.

Le versement doit avoir été effectué entre la date limite de dépôt de la déclaration de l'année précédente et celle de la déclaration de l'année en cours. Vérifiez bien le délai appliqué l'année d'avant.

Quand le total de l'ISF et de l'impôt sur le revenu était supérieur à 85 % du total de vos revenus de l'année précédente, l'ISF pouvait être réduit de la différence entre ces deux montants. Ce plafonnement ne s'applique plus à compter de 2012, mais un nouveau plafond prévoit, à compter de 2013, que le total de l'impôt sur le revenu et de l'ISF ne peut excéder 75 % des revenus de l'année précédente. L'excédent éventuel s'impute sur l'ISF uniquement.

Réduction pour personne à charge

Les personnes à charge ouvraient droit à une réduction d'impôt de 300 euros. Depuis 2012, cela visait non plus seulement les enfants mineurs, les enfants infirmes et les personnes titulaires de la carte d'invalidité, mais aussi les enfants ou les personnes dont le contribuable assume la charge d'entretien à titre exclusif ou principal, donc notamment les enfants majeurs à charge poursuivant leurs études (article 193 ter du CGI).

Cependant, soucieuse de s'inscrire dans le fil pas très droit de l'instabilité des textes fiscaux, la loi de finances pour 2013 supprime cette réduction à compter de l'ISF 2013…

Simplifiez-vous les déclarations

Si la valeur de votre patrimoine est inférieure à 3 000 000 euros, vous pouvez porter le montant de la valeur taxable directement sur votre déclaration de revenus n° 2042. L'impôt sera alors recouvré par voie de rôle, alors qu'antérieurement vous deviez le payer spontanément, indépendamment de son montant. Si votre patrimoine dépasse 3 000 000 euros, à vous les déclarations spéciales et détaillées, la production des justificatifs et le paiement spontané. Attention, tout retard de paiement de l'ISF donne lieu à une majoration de 10 %.

Veillez à surveiller les seuils de 1 300 000 euros et de 3 000 000 euros. Le fisc a des moyens de recoupement importants. Même si vous n'êtes pas tenu de déposer une déclaration détaillée, il est conseillé de la remplir, de collecter tous les justificatifs des valeurs à jour, et de vérifier le respect des conditions d'exonération ou de réduction.

Illustration d'une réorganisation du patrimoine en vue de réduire l'ISF

L'exemple suivant présente deux organisations différentes pour un patrimoine de même valeur. Vous allez constater à quel point cela peut avoir un impact sur l'ISF. Vous serez alors peut-être inspiré pour réorganiser vos avoirs différemment.

Si vous vendez vos biens professionnels au moment de votre départ à la retraite, le montant du prix perçu est susceptible d'entrer dans l'assiette de l'ISF.

Cette opération exceptionnelle a toutes les chances d'être repérée par le fisc. L'immeuble que vous louiez à votre société, et qui fait ensuite l'objet d'un bail avec votre successeur, n'est plus un bien professionnel exonéré. Anticipez vos opérations exceptionnelles pour essayer de trouver une solution pour réduire ou supprimer l'ISF. Si ce n'est pas possible, essayez de décaler la cession sur l'année suivante pour gagner un an, et tirez les conséquences de l'opération de cession sur votre déclaration d'ISF. Cela vous évitera de coûteux redressements.

Pour les mordus,
illustration d'une organisation du patrimoine en vue de réduire l'ISF

Jean Kipétro et Juste Cekifo ont chacun un patrimoine réparti entre :
- une résidence principale évaluée à 1 000 000 euros ;
- une résidence secondaire valant 500 000 euros ;
- un appartement estimé à 200 000 euros ;
- du mobilier évalué à 40 000 euros ;
- divers placements pour 300 000 euros.

Chacun a emprunté 200 000 euros à son père pour acheter la résidence secondaire.

Évaluation retenue pour l'ISF de Jean Kipétro :

Résidence principale : 1 000 000 euros x 70 % = 700 000 euros.

Résidence secondaire : 500 000 euros. Jean n'a pas formalisé de contrat de prêt, aussi aucune déduction de l'emprunt auprès du père n'est-elle possible.

Appartement : 200 000 euros.

Valeurs mobilières : 300 000 euros.

Mobilier : 5 % de la valeur brute de ses actifs non exonérés, soit 85 000 euros.

Le total de son actif taxable est de 1 785 000 euros. L'ISF de Jean Kipétro est de **4 462 euros**.

Juste Cekifo, lui, a donné temporairement l'usufruit de son appartement à son fils étudiant. Il a acheté une voiture de collection d'une valeur de 80 000 euros, des œuvres d'art pour 100 000 euros et 30 000 euros de titres de FIP qui seront exonérés et donnent droit à une réduction d'ISF. Il a inventorié ses meubles, qui ont une valeur de 40 000 euros. Enfin, Juste a fait un contrat pour l'emprunt souscrit auprès de son père et l'a fait enregistrer.

Évaluation retenue pour l'ISF de Juste Cekifo :

Résidence principale : 1 000 000 euros x 70 % = 700 000 euros.

Résidence secondaire : 500 000 euros - l'emprunt de 200 000 euros, soit 300 000 euros.

Appartement : exonéré, car Juste n'est que nu-propriétaire.

Mobilier : 40 000 euros.

Placements exonérés : 210 000 euros.

Valeurs mobilières taxées : 90 000 euros.

Son patrimoine taxable s'élève donc à 1 130 000 euros. **Il ne paie pas d'ISF.** À montant de patrimoine équivalent, Jean Kipétro doit 4 462 euros.

Chapitre 14

Transmission : gâtez moins le fisc

« Éviter de payer des impôts est la seule recherche intellectuelle gratifiante »
John Maynard Keynes

La transmission de votre patrimoine peut se faire soit de votre vivant, sous forme de donation, soit à votre décès, par succession. Dans les deux cas, sur le plan fiscal, la question des droits d'enregistrement se pose. Leur taux varie de 5 % à 60 % selon le degré de parenté, et peut différer selon qu'il s'agit d'une donation ou d'une succession. L'actualisation annuelle des seuils et des abattements est supprimée pour le moment.

Restons optimistes. Même si le contexte actuel met en avant les pénalisations fiscales, des recettes pour payer moins subsistent, à condition de vous organiser. Autant les connaître plus que jamais et les utiliser, afin de privilégier les bénéficiaires de votre transmission plutôt que le fisc. Même si les transmissions d'un certain montant sont pénalisées par les derniers textes, la majorité d'entre elles peut échapper à l'impôt si l'on anticipe la question de l'héritage.

Si vous y pensez suffisamment tôt, vous pouvez utiliser toute une batterie de textes fiscaux qui sont destinés à favoriser la consommation et la circulation de l'argent, et donc par relation de cause à effet la transmission. Le fisc a en effet prévu de nombreuses exonérations ou abattements qui vous accompagnent dans l'organisation de la donation de vos biens. Utilisés à bon escient, ils peuvent éviter à vos proches de rétrocéder au fisc une part importante des biens reçus, voire de les vendre afin de dégager la trésorerie nécessaire pour payer les droits.

Afin de programmer la transmission de vos biens en évitant de futurs conflits entre héritiers, faites le point avec votre notaire, ou votre avocat, qui saura vous indiquer les options possibles sur le plan juridique au vu de la composition de votre famille et, le cas échéant, de votre régime matrimonial. Attention, il existe des contraintes, notamment en présence d'enfants, pour qui une quote-part obligatoire est prévue lors de la transmission. Il convient de prendre également en compte le sort du conjoint, la disponibilité du patrimoine, la présence d'enfants d'un premier lit, etc. Chaque cas est particulier.

Le cadre juridique ainsi précisé, laissez libre cours à votre créativité fiscale selon les possibilités qui s'offrent à vous, si nécessaire avec l'assistance d'un avocat fiscaliste. Le planning des opérations pourra faire la différence. En matière d'impôt, la stratégie à long terme paie. Cela peut également permettre d'anticiper le règlement d'éventuels conflits familiaux qui peuvent apparaître au moment de la liquidation d'une succession.

N'oubliez pas qu'un droit de partage, au taux de 2,5 % depuis 2012, est applicable en cas de partage des biens, intervenant par exemple lors de la répartition des biens entre co-indivisaires.

Donation : ne soyez pas « fiscanthrope »

Entre exonérations, abattements et réductions de droits, vous avez les cartes en main pour éviter de privilégier le fisc.

Exonérations pour certaines donations

Dons de certains biens

Sous conditions, la donation de certains biens peut être exonérée de droits, en tout ou partie :

– titres de sociétés faisant l'objet d'un engagement collectif de conservation dit «Pacte Dutreil», à hauteur de 75 % de leur valeur ;

– bois et forêts ou parts de groupements forestiers faisant l'objet d'une garantie de gestion durable, pour 75 % de leur valeur ;

– biens ruraux loués ou parts de GFA, sous conditions de continuité, de 50 à 75 % de leur valeur ;

– certains monuments historiques faisant l'objet d'une convention avec l'État ;

– dons manuels, qui échappent aux droits sauf s'ils sont déclarés ou révélés ultérieurement (spontanément, dans le cadre d'un contrôle ou lors d'une donation ou succession ultérieure).

Donnez à moins de quatre-vingts ans pour exonérer une partie de vos dons familiaux

Si vous avez moins de quatre-vingts ans, vos dons d'argent à vos enfants, petits-enfants ou arrière-petits-enfants, ou à défaut de cette descendance, à vos neveux et nièces, ou par représentation à vos petits-neveux ou petites-nièces, sont exonérés jusqu'à 31 865 euros si les bénéficiaires sont majeurs ou mineurs émancipés et le don déclaré et enregistré. Ce plafond est calculé par rapport aux donations faites par un même donateur à un même donataire. Il s'applique tous les quinze ans alors qu'antérieurement, il s'appliquait tous les dix ans (article 790 G du CGI).

Voilà un «bon plan» pour donner un coup de pouce aux jeunes de votre famille pour les aider à s'installer. Le donataire doit avoir au moins dix-huit ans, ou avoir fait l'objet d'une mesure d'émancipation. Le plafond joue par donation. Le fisc exige que ces dons soient déclarés par le donataire au service des impôts dont il dépend, dans le mois qui suit le don.

Plus d'exonération des dons pour création ou reprise d'entreprise

Si vous donniez jusqu'à une somme inférieure à 30 000 euros à vos enfants, petits-enfants, arrière-petits-enfants ou, à défaut d'une telle descendance, à vos neveux ou nièces, elle était exonérée de droits si elle était affectée dans les deux ans du don à un investissement dans une PME ou à la souscription au capital d'une société PME, et si le bénéficiaire exerçait son activité principale dans cette entreprise industrielle, commerciale, artisanale, agricole ou libérale. Cette exonération n'était possible qu'une seule fois et jusqu'au 31 décembre 2010 (article 790 A bis du CGI).

Des abattements pour tous

Dans de nombreux cas, la valeur des biens transmis peut être diminuée d'abattements, avant que les droits soient appliqués. Les abattements sur les donations se renouvellent en général tous les quinze ans. Cela signifie qu'après une donation ayant bénéficié d'un abattement, il est nécessaire d'attendre à nouveau quinze ans afin d'en profiter une autre fois.

Si vous pensez à donner tôt à vos enfants, vous pourrez leur faire profiter plusieurs fois des abattements compte tenu de l'allongement de la durée de vie. Avec une durée de vie de quatre-vingts ans environ, si vous donnez à quarante-cinq ans pour la première fois, vous pourrez faire profiter à nouveau de l'abattement à soixante ans, puis à soixante-quinze ans (s'il vous reste encore de quoi…).

Pour bénéficier de l'abattement tous les quinze ans, pensez à déclarer tous vos dons, même s'ils sont inférieurs au montant de l'abattement. Il n'est plus prévu que cet abattement soit réactualisé.

Abattements valables pour les successions et les donations

En faveur des ascendants ou des enfants : abattement de 100 000 euros depuis le 1er août 2012.

Tous les quinze ans, un couple de parents peut donc transmettre à un enfant 200 000 euros sans droits d'enregistrement si chacun donne 100 000 euros.

En faveur des frères et sœurs : abattement de 15 932 euros en 2012 pour chaque frère ou sœur.

En faveur des neveux et nièces : abattement de 7 967 euros en 2012 pour chaque nièce ou neveu.

En faveur des personnes handicapées : abattement supplémentaire de 159 325 euros en 2012 pour les personnes handicapées physiques ou mentales.

Cet abattement peut vous aider à protéger vos proches handicapés. Parlez-en avec votre notaire, notamment au vu des contraintes imposées par les règles de succession, surtout en présence d'enfants.

Abattements spécifiques à certaines donations

En faveur des **petits-enfants** ou des **arrière-petits-enfants** :

Petits-enfants : abattement de 31 865 euros en 2012 pour chacun ; arrière-petits-enfants : abattement de 5 310 euros en 2012 pour chacun.

En faveur des **époux** ou **partenaires d'un pacs** :

Abattement fixé à 80 724 euros pour 2012.

**Comment donner un coup de pouce à un enfant majeur
sans que le fisc prélève quoi que ce soit ?**

Faites l'addition :

- 100 000 euros de la part de chaque parent, soit 200 000 euros qui bénéficient de l'abattement en faveur des enfants ;
- 31 865 euros de la part de chaque parent au titre des dons d'argent, soit 63 730 euros.

Si les grands-parents ont moins de quatre-vingts ans et veulent participer :

- 31 865 euros de la part de chaque grand-parent, soit 63 730 euros de plus.

On obtient ainsi la somme rondelette de 327 460 euros, à condition d'avoir des parents riches et généreux. Si cela n'est pas assez, on peut ajouter les dons par les oncles ou tantes ; combiner une clause bénéficiaire d'assurance-vie pour plus tard ; renouveler les dons tous les quinze ans, etc. Il suffit de faire un peu de calcul en surveillant les textes précis, et d'être patient. N'oubliez pas non plus de profiter des avantages tant qu'ils existent.

Donation d'entreprise en faveur des salariés :

Abattement de 300 000 euros pour les salariés en CDI depuis plus de deux ans, poursuivant l'activité pendant au moins cinq ans (article 190 A du CGI).

Voilà un « bon plan » si vous ne vous décidez pas à quitter votre entreprise en l'absence d'héritiers susceptibles de la reprendre, mais en présence de salariés compétents ayant toute votre affection et votre confiance pour poursuivre l'œuvre que vous aviez commencée.

Donation d'entreprise en faveur de non-salariés

La transmission de l'entreprise individuelle, ou des titres d'une société détenus depuis au moins deux ans, peut bénéficier d'un régime de faveur à condition de s'engager à conserver les biens ou les titres reçus, et à poursuivre l'exploitation (« Pacte Dutreil »). En parallèle, il existe un régime de report d'imposition de la plus-value si l'activité est poursuivie par les bénéficiaires.

Les trois-quarts de la valeur des biens reçus sont exonérés de droits. (article 787 B du CGI).

Si vous souhaitez transmettre votre entreprise et vous ménager des revenus, vous pouvez donner votre entreprise et garder la propriété ou l'usufruit de l'immeuble affecté à l'activité, et le louer au nouvel exploitant.

Réductions des droits

Réduction pour charges de famille, comme en matière de succession

Si le bénéficiaire des biens, ou l'héritier, a au moins trois enfants à charge, il soustrait de ses droits 610 euros par enfant à charge à partir du troisième si la donation, ou succession, est en ligne directe (ascendant ou enfant), 305 euros dans les autres cas.

Réduction tenant à l'âge du donateur

Donner jeune ne fait plus baisser les droits, sauf si vous transmettez une entreprise. Si vous donniez vos biens avant vos quatre-vingts ans, ou mieux, avant vos soixante-dix ans, vous faisiez baisser les droits. Cette incitation à donner jeune a disparu, sauf si le donateur âgé de moins de soixante-dix ans donne, à certaines conditions, les titres de sa société ou son entreprise individuelle.

La réduction est alors de 50 % des droits (article 790 du CGI).

Succession

Après avoir pris en compte les exonérations et les abattements, le montant des droits est calculé selon un barème qui diffère en fonction du lien de parenté qui lie le défunt aux héritiers. Des réductions sont ensuite appliquées sur le montant à payer, notamment selon la situation de famille.

Pensez à ajuster la base taxable par une évaluation appropriée et n'oubliez pas de recenser les dettes pour les déduire de l'actif taxable.

Les frais funéraires sont déductibles pour 1 500 euros sans justificatifs.

Le fisc et son sens de la famille

Exonérations

Les successions au profit des conjoints mariés ou pacsés, ou au profit des frères et sœurs seuls handicapés ou de plus de cinquante ans résidant depuis plus de cinq ans sous le même toit que le défunt, sont exonérées de droits (articles 796 O bis et O ter du CGI).

Abattements

Comme en matière de donation, des abattements diminuent la valeur des biens.

– Abattements applicables aux **successions** et aux **donations** :

Certains abattements sont les mêmes que pour les donations : depuis août 2012, abattement de 100 000 euros en faveur d'un enfant ou d'un ascendant, 15 932 euros entre frères et sœurs, 7 967 euros en faveur des neveux et nièces, enfin 159 325 euros en faveur des personnes handicapées.

L'abattement en faveur des personnes handicapées, sous conditions de justifications, s'applique même en l'absence de liens de parenté.

– En l'**absence d'abattement spécifique** :

Abattement de 1 594 euros au 1er janvier 2012.

Pensez aux avantages de l'assurance-vie.

Réductions des droits pour charges de famille

Si l'héritier a au moins trois enfants à charge, il soustrait de ses droits 610 euros par enfant à partir du troisième si la succession est en ligne directe (ascendant ou enfant), 305 euros dans les autres cas.

La transmission de l'entreprise est facilitée si vous vous engagez

La transmission des titres d'une société ou de l'entreprise individuelle peut bénéficier d'un régime de faveur à certaines conditions et en particulier sous engagement de conservation des biens ou des titres reçus et de poursuite de l'exploitation. Il existe également un régime de report d'imposition des plus-values si l'activité est poursuivie par les bénéficiaires.

Les trois-quarts de la valeur des biens reçus sont exonérés de droits (article 787 B du CGI).

Le paiement des droits dus peut être différé, voire fractionné ensuite avec un intérêt à taux réduit des deux tiers.

Clémence fiscale pour châteaux et campagnes

Monuments historiques

Les monuments historiques et les meubles les garnissant, placés sous convention avec l'État, peuvent être exonérés de droits de mutation à titre gratuit. Le bien doit être entretenu et le public accepté pour des visites (article 795 A du CGI).

Si vous craignez que la transmission de votre château classé n'entraîne sa vente afin de payer les droits de succession, peut-être pouvez-vous envisager de la partager avec le public, selon une convention signée avec le ministère de la Culture, pour conserver le château dans la famille ?

Le fisc apprécie la générosité et les œuvres d'art

Les dons faits par des héritiers dans les six mois du décès à certains organismes reconnus d'utilité publique font l'objet d'un abattement de la valeur du don, à condition de fournir un imprimé spécifique déclarant le montant de la libéralité et l'identité des bénéficiaires.

Si vous avez l'intention de reverser une partie de l'héritage reçu à une association caritative, informez-en le notaire afin de ne pas payer de droits sur ce montant. Il serait dommage de gâter le fisc au détriment de l'association.

Si cela est prévu dans le testament, en cas de legs universel à une fondation reconnue d'utilité publique prévoyant de délivrer un legs particulier à une personne désignée, la fondation qui est exonérée de droits sur sa part peut, dans certains cas, prendre en charge les droits de donation dus sur le legs particulier.

L'État apprécie certaines œuvres d'art. L'article 1131 du CGI l'exonère de droits sur les œuvres d'art, les livres, les objets de collection ou les documents de haute valeur artistique ou historique dont il lui est fait don avec son agrément (article 1131 du CGI).

Il est également possible sur agrément de payer les droits de donation, de succession, de partage ou l'ISF, au moyen de la remise d'œuvres d'art lorsque le montant des droits est au moins égal à 10 000 euros (article 1716 bis du CGI).

Biens ruraux

200

Les bois et forêts offrant des garanties de gestion durable peuvent bénéficier, sous conditions, d'une exonération des trois-quarts de leur valeur. Les biens ruraux donnés à bail à long terme peuvent bénéficier d'une exonération partielle de droits, pouvant aller jusqu'à 50 % avec un seuil de 101 897 euros au 1er janvier 2011, sous condition de continuité et de durée de détention du bail. Ces possibilités peuvent également concerner les groupements forestiers ou fonciers agricoles (articles 793 et 793 bis du CGI).

Organisez votre transmission : moins de droits si vous anticipez par des donations

Vous connaissez à présent les règles du jeu fiscal. Posez vos cartes sur la table, c'est-à-dire principalement la liste de vos biens, celle de vos héritiers potentiels et des éventuelles personnes que vous souhaitez et pouvez avantager. Tenez compte des contraintes juridiques liées au régime matrimonial et aux héritiers possibles, et faites vos calculs sur la base d'un calendrier prévisionnel avec l'étude d'un échelonnement de votre transmission. Comparez les résultats avec celui obtenu sur la base d'une succession non organisée. Vous constaterez qu'un simple défaut d'anticipation et d'organisation a pour effet d'enrichir considérablement le fisc, au détriment de vos proches.

Compte tenu de la complexité et de l'évolution des textes et de la jurisprudence, si les enjeux sont importants, n'hésitez pas à faire valider vos idées par une consultation écrite d'un avocat fiscaliste. En tout état de cause, si vous n'avez pas d'héritiers, prévoyez de doter une association qui vous tient à cœur pour éviter que votre patrimoine ne rejoigne celui de l'État, même si cela se ferait pour lui avec une optimisation fiscale maximum…

Enfin, si vous souhaitez combiner tous les avantages possibles, un seul mot d'ordre : déclarez vos donations afin de profiter des abattements périodiques et répétitifs. L'abattement est un cadeau surveillé.

Si vous devez vous marier, ou l'êtes déjà, n'hésitez pas à vous faire conseiller par le notaire ou votre avocat sur le meilleur choix possible pour le régime matrimonial selon vos projets d'organisation du patrimoine privé et professionnel du couple, quitte à changer de régime en cours de mariage si celui d'origine n'est pas idéal.

Utilisez les abattements et donnez tous les quinze ans

La plupart des abattements étant applicables tous les quinze ans, il vaut mieux donner en plusieurs fois le maximum exonéré tous les quinze ans que la totalité de vos avoirs en une seule fois si leur montant est supérieur au montant exonéré par l'abattement. Rappelons qu'à une époque dorée, récente mais révolue, on pouvait en bénéficier tous les six ans et pour plus de 150 000 euros. Profitez de ces avantages tant qu'ils existent encore, et voyez avec un conseil comment s'agencent les périodes en cause. N'oubliez pas que l'on vit statistiquement de plus en plus vieux.

À cet égard, pour les biens immobiliers, pensez à la SCI comme véhicule de transmission, pour échelonner la donation des parts représentatives de l'immeuble.

Donner avant quatre-vingts ans ou après ?

Juste Cekifo et Jean Kipétro ont chacun soixante-dix-neuf ans. Chacun dispose d'un patrimoine diversifié et veut donner à son fils un montant de 180 000 euros.

Jean Kipétro attend ses quatre-vingts ans et donne à son fils de l'argent et des biens pour un montant de 130 000 euros. Le fils de Jean Kipétro paie les droits sur 130 000 - 100 000 euros, soit sur **30 000 euros**.

Juste Cekifo, lui, donne sans tarder à son fils des titres pour 100 000 euros et une somme d'argent de 30 000 euros. Les titres ne sont pas soumis à des droits puisque leur valeur ne dépasse pas 100 000 euros. La somme d'argent est exonérée puisqu'elle est inférieure à 31 865 euros. Le fils de Juste Cekifo **ne paie pas de droits**.

L'assiette des droits du fils de Juste Cekifo est nulle, alors que celle du fils de Jean Kipétro est de 30 000 euros.

Donation-partage

Cet acte permet au père et à la mère de faire donation de leurs biens à leurs enfants et descendants, en opérant eux-mêmes la répartition de ces biens. Elle est soumise au régime de droit commun des donations.

Pensez-y dès à présent pour partager vos biens entre vos enfants. C'est un bon moyen pour choisir les bénéficiaires de certains biens et notamment pour faciliter la transmission de l'entreprise à l'héritier le plus compétent. Cela peut aussi éviter les conflits qui se produisent parfois entre héritiers lors de la liquidation de la succession.

Au lieu de vendre un bien pour donner une somme d'argent, donnez le bien

Lorsque vous vendez un bien afin de pouvoir donner le montant résultant de la vente, n'oubliez pas que la vente de ce bien peut donner lieu à une plus-value taxable. La donation est ensuite elle-même soumise à des droits d'enregistrement, ce qui enrichit encore le fisc.

Si vous donnez ce bien au lieu de le vendre, la donation ne génère en principe pas de plus-value. Elle est soumise aux droits d'enregistrement après abattement. Si le bénéficiaire revend le bien aussitôt, comme la valeur pour laquelle il l'a reçue est la même que celle pour laquelle il vend le bien, il ne dégage pas de plus-value.

Faites une simulation afin de mieux considérer l'avantage du gain d'impôt sur la plus-value par rapport à la perte d'opportunité de fractionner la donation de la somme sur plusieurs périodes. Comme déjà indiqué, faites cependant valider cette opération au vu de l'évolution de la dernière jurisprudence, car le fisc n'apprécie guère les combinaisons artificielles d'opérations destinées à éviter ou réduire l'impôt.

203

Pour les mordus, comment payer moins de droits en donnant le bien au lieu de donner le montant reçu en contrepartie de la vente du bien ?

Jean Kipétro et Juste Cekifo veulent donner 300 000 euros à leurs fils respectifs. Pour cela, ils comptent se délester d'un immeuble.

Jean vend l'immeuble et donne à son fils la somme reçue en paiement du prix. Il paie l'impôt sur la plus-value au taux de 34,5 % sur 150 000 euros, soit 51 750 euros. Le montant des droits d'enregistrement est calculé sur les 300 000 euros, diminués de l'abattement au titre des sommes d'argent consenties à un enfant de 31 865 euros, et de l'abattement de 100 000 euros, ce qui donne une assiette de 168 135 euros. Le montant des droits est de 19 983 euros. Le coût fiscal total de la transmission de Jean Kipétro est donc de 51 750 + 31 821 = **83 571 euros**.

Juste, lui, donne l'immeuble à son fils. La donation n'entraîne pas de plus-value et donc pas d'impôt sur la plus-value à payer par Juste, exception faite de la taxe de publicité foncière. Le montant des droits d'enregistrement dus par son fils est calculé sur les 300 000 euros, diminués de l'abattement de 100 000 euros, ce qui donne une assiette de 200 000 euros. Le montant des droits est de 38 194 euros. Le coût fiscal total de la transmission de Juste Cekifo est donc de **38 194 euros**, soit à ce stade de calcul, **45 377 euros de moins que pour Jean Kipétro**.

Pensez au démembrement

La pleine propriété d'un bien est constituée par l'addition, d'une part de l'usufruit, qui donne droit aux revenus dégagés par le bien, avec, le cas échéant, l'obligation de les entretenir (droit temporaire qui peut être délimité dans le temps ou durer jusqu'au décès de l'usufruitier) ; d'autre part de la nue-propriété, qui est le droit de disposer du bien, sous réserve des droits de l'usufruitier. L'usufruit est donc un droit limité dans le temps, qui cesse automatiquement au décès de l'usufruitier. À l'échéance de l'usufruit, le nu-propriétaire a la pleine propriété du bien.

La séparation de ces deux droits s'appelle le démembrement. C'est un procédé qui offre de la souplesse en matière de transmission ainsi que des possibilités d'optimisations fiscales. Ainsi, pour les personnes craignant de se déposséder de la totalité de leurs biens, ou ne pouvant pas s'en séparer pour des raisons financières, donner la nue-propriété en se réservant l'usufruit peut constituer un bon compromis. L'usufruitier peut ainsi continuer à utiliser le bien, l'habiter si c'est sa résidence, ou le louer. Au décès de l'usufruitier, le nu-propriétaire devient propriétaire du bien sans payer à nouveau de droits d'enregistrement.

Les droits de donation sont moins élevés sur la donation de la nue-propriété que sur celle de la pleine propriété. Plus tôt vous donnez, plus la valeur de la nue-propriété est faible, car vous êtes censé profiter de l'usufruit encore longtemps, ce que l'on vous souhaite. Lors de la donation de la nue-propriété, chaque droit est ainsi évalué selon un barème lié à l'âge de l'usufruitier. Plus ce dernier est âgé, plus son droit est faible.

Au décès de l'usufruitier, l'usufruit rejoindra la nue-propriété sans que l'héritier ait en principe à payer de droits de succession supplémentaires. Souvenez-vous que pour l'ISF, c'est l'usufruit qui est taxé. Tenez-en compte dans vos calculs.

La valeur de l'usufruit et celle de la nue-propriété correspondent à un pourcentage de la valeur en pleine propriété qui dépend de l'âge de l'usufruitier :
- Jusqu'à 20 ans : Usufruit 90 % Nue-propriété 10 %.
- De 21 à 30 ans : Usufruit 80 % Nue-propriété 20 %.
- De 31 à 40 ans : Usufruit 70 % Nue-propriété 30 %.
- De 41 à 50 ans : Usufruit 60 % Nue-propriété 40 %.
- De 51 à 60 ans : Usufruit 50 % Nue-propriété 50 %.
- De 61 à 70 ans : Usufruit 40 % Nue-propriété 60 %.
- De 71 à 80 ans : Usufruit 30 % Nue-propriété 70 %.
- De 81 à 90 ans : Usufruit 20 % Nue-propriété 80 %.
- À partir de 91 ans : Usufruit 10 % Nue-propriété 90 %.

Pour les mordus, illustration d'une donation
avec démembrement de propriété à des âges différents

Jean Kipétro vit en concubinage avec Jeanne. Juste Cekifo vit également en union libre avec Justine. Chacun décide de préserver l'avenir de sa compagne en lui donnant la nue-propriété de son appartement et en s'en réservant l'usufruit. La valeur en pleine propriété de leurs appartements est la même, soit 500 000 euros.

Jean attend d'avoir quatre-vingt-deux ans pour faire cette donation. La valeur de la nue-propriété est de 80 % de 500 000 euros, soit 400 000 euros. Les droits dus par Jeanne au taux de 60 % s'élèvent à **240 000 euros**.

Juste, lui, décide de faire la donation à trente-neuf ans. La valeur reçue par Justine est de 30 % de la valeur de 500 000 euros, soit 150 000 euros. Les droits dus au taux de 60 % se chiffrent à 90 000 euros. Elle paie donc 150 000 euros de moins que Jeanne, pour une raison simplement liée à la date de décision de la donation. Pour se consoler, elle peut se dire qu'en présence d'une donation en pleine propriété, elle aurait payé les droits sur la totalité de la valeur de l'appartement soit, en plus, 60 % de 20 % de 500 000 euros, donc 60 000 euros. Cela signifie que donner moins grâce au démembrement peut rapporter en définitive davantage. Les droits sont en effet allégés au moment de la donation sur le bien démembré, et lorsque l'usufruit rejoint la nue-propriété, rien n'est dû en supplément. Donner jeune diminue ainsi les droits à payer de celui qui reçoit.

Par simplification, on a retenu pour cette illustration des textes fiscaux constants sur la période envisagée. Avec une hausse de l'immobilier, la valeur de l'appartement devrait en réalité être réévaluée, ce qui peut accentuer l'avantage fiscal en diminuant l'assiette des droits lorsque le donateur donne plus tôt sur une valeur moindre.

Vous envisagez d'organiser la donation d'un bien à vos enfants ?

Les couples Kipétro et Cekifo ont chacun un enfant. Ils souhaitent lui faire une donation de l'appartement dans lequel ils vivent, qu'ils détiennent en indivision, et qui vaut 400 000 euros. Les quatre personnes ont cinquante-cinq ans chacune.

Jean Kipétro et son épouse décident de faire donation de l'appartement en pleine propriété. Leur fils bénéficie d'un abattement de 100 000 euros par donation, soit 200 000 euros au total, et paient donc des droits de 38 194 euros sur une base de 200 000 euros.

Juste Cekifo et son épouse décident, eux, de faire la donation de la nue-propriété de leur appartement. Compte tenu de l'âge du couple, la nue-propriété de l'appartement est estimée à 200 000 euros. Chaque parent transmet donc 100 000 euros. L'abattement de 100 000 euros s'applique à la valeur transmise. La donation est donc totalement exonérée de droits.

Cela paraît être un bon choix non seulement d'un point de vue fiscal, mais également sur le plan patrimonial, car les parents continuent à utiliser cet appartement, qu'ils pourront louer s'ils souhaitent déménager à leur retraite.

Avec un bien d'une valeur plus importante, on peut raisonner en imaginant que le bien est détenu en SCI. Cela permet de fractionner la donation. On s'assure alors que le montant transmis est inférieur ou égal à l'abattement.

Comment donner moins permet-il au bénéficiaire de recevoir plus ?

En principe, les droits de mutation à titre gratuit sont à la charge du donataire, c'est-à-dire du bénéficiaire de la donation. Le donateur peut décider de les prendre en charge conventionnellement. Cela donne l'opportunité d'une optimisation fiscale simplement mathématique.

La prise en charge des droits de donation ou de succession par celui qui transmet n'est pas considérée comme une donation taxable aux droits d'enregistrement. C'est un très bon moyen pour payer moins de droits (réponse ministérielle Geoffroy du 8 octobre 1975).

207

En pratique

Pour les mordus,
un tour de passe-passe en guise de dernière optimisation

Jean Kipétro a 200 000 euros disponibles, dont il veut faire bénéficier Jeanne, sa concubine. Celle-ci reçoit un chèque de 200 000 euros et prélève sur le montant reçu la somme nécessaire pour payer les droits d'enregistrement au taux de 60 %, soit 120 000 euros. Le Trésor public reçoit 120 000 euros. Sur les 200 000 euros, il reste **80 000 euros** à Jeanne.

Juste Cekifo, lui, a aussi 200 000 euros disponibles, dont il veut faire profiter sa compagne Justine. Au lieu de lui faire un chèque de 200 000 euros, il prélève le montant nécessaire aux droits d'enregistrement, qu'il paie en direct. Il le fait indiquer par le notaire dans l'acte de donation. Il lui donne la somme nette diminuée des droits, c'est-à-dire 125 000 euros (calculé selon la formule 200 000 x 100/160) : les droits sur 125 000 euros s'élèvent à 75 000 euros. Mais comme ils ont été pris en charge par Juste Cekifo, ils n'ont pas subi de droits de donation. Le Trésor public reçoit 75 000 euros. Justine reçoit **125 000 euros** sur la somme décaissée par Juste Cekifo, soit 45 000 euros de plus que Jeanne.

En ne prenant pas en charge les droits de donation, Jean Kipétro a donc sans le savoir avantagé le fisc de **45 000 euros** au détriment de sa compagne.

Fractionnez ou reportez le paiement des droits

Héritiers ou légataires, n'hésitez pas à demander au fisc de fractionner les droits à payer sur cinq ou dix ans en offrant des garanties. Celui-ci vous réclamera des intérêts, mais cela peut vous éviter de vendre un bien si vous ne disposez pas de la trésorerie nécessaire pour payer les droits, ce qui est assez courant lorsque l'on hérite par exemple d'une maison. Les bénéficiaires de dons manuels supérieurs à 15 000 euros peuvent opter, sous conditions, pour le paiement des droits après le décès du donateur.

La remise au fisc de certains biens peut constituer un mode de paiement.

Petite évasion internationale pour touristes en quête de paradis fiscaux

Le paradis fiscal serait ce pays de rêve où l'on ne paie pas ou peu d'impôts. Certains pensent que la France est un enfer fiscal, et que le paradis est ailleurs. On espère que la lecture des premières parties de ce guide les aura fait changer d'avis, le cumul possible de toutes les économies pouvant atteindre des dizaines de milliers d'euros, voire des centaines de milliers pour les plus gâtés, sous réserve des avantages plafonnés depuis 2009 et le rabot des niches fiscales depuis 2010.

Si vous êtes sur le départ pour un paradis fiscal, il peut être utile de démystifier ce qui se passe pour les impôts d'un point de vue international. Sachez qu'en matière d'impôts, dès qu'un autre pays que la France est concerné, les règles deviennent complexes, tant pour les revenus de source étrangère que pour les opérations plus exceptionnelles comme les placements ou les successions. Il s'agit de combiner le droit français, le droit interne du pays d'accueil, et les règles internationales qui reposent sur les conventions de non-double imposition qui ont pu, ou pas, être signées afin d'éviter les doubles impositions. On sait que le droit fiscal français n'est pas le plus simple, et le combiner avec les règles de pays étrangers est parfois acrobatique. Les différences sont parfois également juridiques. Ainsi, les règles applicables aux régimes matrimoniaux et aux successions peuvent différer selon le pays de résidence au moment du décès ou de la situation des biens concernés.

Toute décision d'expatriation fiscale doit être mûrement réfléchie, en particulier si l'on souhaite partir, en gardant un pied en France. N'hésitez pas à prendre conseil auprès d'un avocat fiscaliste qui saura analyser pour vous les conséquences précises de votre situation internationale, non seulement au regard de la loi française, mais aussi des règles juridiques et fiscales applicables dans les pays d'accueil. Il fera une étude au vu de votre situation familiale et patrimoniale.

Enfin, n'oubliez pas que le secret bancaire a été mis à mal pour de nombreux paradis fiscaux, comme la Suisse. La France s'est ralliée à la norme fixée en 2009 par l'OCDE (Organisation de Coopération et de Développement Économique), qui met fin à la discrétion bancaire en cas de contrôle fiscal, et s'est rapprochée de nombreux pays, dont des paradis fiscaux, afin de favoriser de véritables échanges de renseignements dans le cadre des contrôles fiscaux. Cela a abouti à la signature d'accords entrés en vigueur le 1er janvier 2010.

Chapitre 15

Domicile fiscal :
« home fisc home »

> *« Pourquoi aimerait-on d'un amour particulier*
> *le pays où l'on paie ses impôts ? »*
> **Bertolt Brecht**

Contribuables fiscalement domiciliés en France : obligation fiscale illimitée

Votre domicile fiscal est en France si vous y avez votre foyer, y séjournez à titre principal, y exercez votre activité professionnelle ou y percevez vos revenus. Si vous résidez en France, vous êtes taxé sur votre revenu mondial, donc sur vos revenus perçus en France et à l'étranger. Vous devez déclarer vos comptes bancaires à l'étranger. Cette obligation est sévèrement punie en cas d'infraction.

Il se peut que vos revenus étrangers soient aussi taxés à l'étranger. La convention fiscale éventuellement signée entre la France et le pays concerné peut éviter la double imposition, soit en attribuant le droit d'imposer à un seul pays, soit en vous faisant bénéficier d'un crédit d'impôt au titre de l'impôt payé dans le second pays.

En étant domicilié en France, vous bénéficiez des textes fiscaux avantageux.

N'oubliez pas de déclarer vos comptes à l'étranger, sous peine de les voir taxés comme des revenus présumés, avec un délai de prescription rallongé…

Contribuables non domiciliés en France : obligation fiscale limitée

Contrairement à une idée reçue, largement répandue, car séduisante, le fait de résider hors de France ne vous exonère pas systématiquement des impôts en France, sauf si vous visez le « pas vu, pas pris » du fisc français effectivement plus facile à l'étranger qu'en France, mais qui ne ressort pas d'une philosophie sans risques, et qui pourrait vous empêcher de dormir sur vos deux oreilles.

Domicilié hors de France, vous n'êtes plus imposable que sur vos revenus de source française. Vous perdez aussi certains avantages réservés aux personnes ayant leur domicile en France.

Si vous partez, n'oubliez pas que le fisc peut également retenir l'impôt sous la forme d'une retenue à la source, prélevée par l'établissement payeur sur les revenus au moment de leur versement. Cette retenue peut aller jusqu'à 30 %, voire 55 % (75 % à compter de 2013).

Des dispositions spécifiques sont prévues pour les plus-values réalisées sur une cession de participation supérieure à 25 %, avec l'application d'un taux de 45 % à compter de 2013 (article 244 bis B du CGI).

Sont également taxés, notamment, les revenus des immeubles situés en France, les revenus d'opérations commerciales en France, les revenus de titres détenus en France, les pensions versées par un organisme situé en France, etc.

Renseignez-vous sur vos obligations précises au regard de la composition de vos actifs et de vos opérations. Les textes de taxation se renforcent pour les non-résidents. Les taux de taxation sont plus ou moins élevés selon le degré de coopération de l'État dans lequel vous prenez votre retraite fiscale.

Domicilié à l'étranger, vous n'êtes plus imposé en France sur vos revenus de source étrangère. L'ISF est réduit, puisque vous ne le payez pas sur les placements financiers en France, sauf s'il s'agit de titres de sociétés possédant des immeubles en France et détenues à plus de 50 %. Vérifiez si vous ne pouvez pas bénéficier d'un remboursement d'impôt si le prélèvement opéré s'avère supérieur à celui que vous auriez payé en appliquant le barème progressif.

Loin des yeux, mais toujours près du cœur du fisc si, vivant à l'étranger, vous avez encore des revenus de source française. Continuez à suivre vos obligations déclaratives auprès du service des impôts des non-résidents: 10, rue du Centre - TSA 10010 - 93465 Noisy-le-Grand Cedex.

Le fisc chouchoute les «impatriés»

Peuvent bénéficier d'allégements d'impôts les salariés ou dirigeants de sociétés envoyés par leur employeur établi dans un pays à l'étranger lié à la France par une convention adéquate, et certaines personnes non salariées agréées, qui n'ont pas été imposés en France pendant cinq ans auparavant. Pour cela, ces personnes doivent établir leur domicile en France afin d'y exercer leurs fonctions professionnelles.

Les «impatriés» peuvent être exonérés d'impôt sur le revenu en France sur une partie de leurs revenus professionnels et sur certains revenus de source étrangère, jusqu'au 31 décembre de la cinquième année suivant celle de la prise de fonctions en France. Cet avantage n'est pas cumulable avec l'exonération des primes d'exonération. Cela peut être très juteux dans certains cas.

Vous revenez en France?

Si précédemment domicilié à l'étranger, vous rentrez au pays, vos revenus ne sont pris en compte qu'à partir du jour de votre retour effectif.

Vous partez de France ?

Depuis mars 2011, le fisc vous fait payer une *exit tax*, c'est-à-dire un impôt sur le revenu ainsi que les prélèvements sociaux calculés sur les plus-values latentes concernant vos participations excédant un certain seuil. Ne partez pas sans payer l'addition ! Le fisc vous attend à la sortie… Cela étant, vérifiez avec votre avocat fiscaliste si vous ne bénéficiez pas de mesures favorables applicables aux résidents en France, comme celui applicable aux créateurs d'entreprise.

Chapitre 16

Expatriation fiscale : attention aux paradis artificiels

> *« Lorsque je donne quatre coups de pédale, il y en a trois pour le fisc »*
> **Bernard Hinault**

Vous avez toujours envie de quitter la France pour payer moins d'impôts ? Si votre motivation fiscale reste féroce, vérifiez bien la fiscalité du pays d'accueil au niveau de tous les impôts, pas seulement de l'impôt sur le revenu. Consultez la convention fiscale éventuellement signée entre la France et votre pays d'accueil. N'oubliez pas que cocotiers et îles paradisiaques ne correspondent pas toujours à ce que l'on appelle un « paradis fiscal ».

Certains pays offrent un régime véritablement attractif sur les revenus de placements, comme les dividendes et les plus-values. Les moyens sophistiqués d'optimisation fiscale, comme les trusts, concernent souvent les grosses fortunes.

Tenez compte également des aspects liés au régime de protection sociale, notamment pour la prise en charge des frais liés à la santé… Pensez à vérifier avec un professionnel ayant des connaissances en droit fiscal international quelles seraient les conséquences fiscales d'une transmission avec un domicile fixé à l'étranger. Des conseils seront sûrement utiles, au moins pour que vous partiez en connaissance de cause.

Votre départ devra être réel, car le fisc pourra rechercher votre véritable domicile, notamment en examinant la situation des membres de votre famille, vos revenus et vos dépenses de toute nature en France. Le fisc n'aime pas que l'on triche sur ce sujet et applique volontiers des pénalités importantes, voire un délai plus long pour enquêter sur votre imposition dans le passé. On constate l'existence d'une certaine convivialité entre les fiscs des différents pays, qui ne rechignent pas à communiquer entre eux.

La question fiscale d'une domiciliation à l'étranger est plus simple à régler au moment de la retraite puisque vos enfants ont leur propre foyer fiscal, et que votre activité économique n'est plus liée à un emploi situé en France.

Mais le paradis, au fond, ne serait-ce pas notre belle France, même avec ses impôts ?

Partie V

Contrôle et contentieux fiscal : le fisc reconnaît les siens

Si vous êtes concerné par la rubrique du contrôle fiscal, soit vous n'avez rien à vous reprocher et, dans ce cas, ne vous laissez pas gagner par la panique, car il s'agit d'un simple contrôle de pièces. Soit vous avez tenté le diable et votre défense peut s'avérer délicate. Les quelques conseils donnés dans ce guide vous aideront à vivre plus sereinement ce moment, et, en cas de désaccord, à envisager une contestation.

Vous pouvez recourir à la procédure contentieuse en dehors de tout contrôle fiscal, simplement parce que vous souhaitez réparer une erreur ou une omission, ou encore contester un montant porté sur un avis d'imposition, à condition d'être dans les délais pour pouvoir le faire. Le terme «contentieux» ne doit pas vous faire craindre un conflit. Le contentieux fiscal est en réalité très administratif.

Chapitre 17

Préparez-vous : un homme averti en vaut deux

« Chaque fois que mon percepteur revenait, je payais un impôt sur le revenu »
Raymond Devos

Le fisc n'aime pas que l'on dépose les déclarations hors délais et n'hésite pas à punir les retardataires par des sanctions élevées allant de 10 % à 40 % de l'impôt concerné.

Le premier conseil est donc de respecter les délais pour déposer les déclarations, soit en les envoyant en recommandé avec accusé de réception, soit en les déposant à votre centre des impôts et en demandant un tampon du fisc sur une copie de votre déclaration, que vous conserverez soit en déclarant en ligne sur www.impots.gouv.fr.

N'oubliez pas que, si le fisc vous accorde des cadeaux, il peut aussi vous les reprendre lorsque vous ne respectez pas les règles du jeu. La tentation de faire baisser les impôts est grande, et certains organismes commercialisent des produits de « défiscalisation » sans en souligner toutes les contraintes. Or, comme toujours, rien n'est gratuit, et vous devez pouvoir prouver le respect de vos engagements sur les conditions à remplir.

Le fisc n'aime pas que l'on triche sciemment ou que l'on s'amuse à faire des montages artificiels, dont l'unique but est de se soustraire à l'impôt.

Il peut alors vous contrôler sur un délai plus long que le délai habituel. Par exemple, en matière d'ISF, le délai de prescription, qui est en principe de trois ans, peut être doublé en cas de non-respect de vos obligations déclaratives. Le fisc peut aussi appliquer, outre les intérêts de retard, des pénalités pouvant aller de 40 % à 80 % des redressements.

De manière générale, fuyez les montages à haut risque fiscal et faites-vous conseiller par écrit par un avocat fiscaliste pour les montages élaborés afin de recenser toutes les conditions à respecter dans le temps.

En cas d'hésitation, il est possible d'indiquer votre interprétation des textes au fisc sous la forme d'une «mention expresse» apposée sur votre déclaration, ce qui pourra vous éviter des intérêts si vous êtes de bonne foi. Vous pouvez aussi lui demander de se prononcer sur votre cas en prenant position par écrit en amont de votre opération sous forme d'un «rescrit», ce qui peut éviter un redressement.

Vérifiez toujours les conditions exactes d'application des avantages fiscaux selon les textes en vigueur, et au vu d'une documentation officielle et détaillée. Respectez le formalisme. Gardez les justificatifs des montants déclarés, en particulier ceux relatifs à des dépenses ayant donné droit à une réduction ou à un crédit d'impôt. Faites-vous conseiller pour toute question complexe.

Voici une bonne nouvelle: si, de bonne foi, vous avez commis une erreur de déclaration ne dépassant pas un vingtième des bases à déclarer pour l'impôt sur le revenu, ou un dixième pour les droits d'enregistrement à l'ISF, le fisc ne vous appliquera pas d'intérêts de retard. N'en profitez pas pour recommencer chaque année, car la bonne foi ne serait alors plus justifiée.

Les personnes qui doivent des droits de mutation à titre gratuit au titre d'une succession ou d'une donation peuvent demander au fisc de contrôler leur déclaration. Ce contrôle sur demande permet de sécuriser votre calcul et de raccourcir le délai de prescription dont dispose le fisc pour vous redresser.

Chapitre 18

Contrôle fiscal : restez zen

« J'ai gardé des preuves pour montrer que j'ai toujours payé mes impôts :
regardez, j'ai gardé les chèques ! »
Laurent Ruquier

Si vous n'avez rien à vous reprocher, ne vous laissez pas gagner par la panique. Pensez plutôt qu'un homme averti en vaut deux. Préparez votre dossier en vérifiant que vous avez toutes les pièces justificatives. S'il n'est peut-être pas utile de faire du charme à votre contrôleur, une attitude ouverte et constructive est conseillée. Présentez votre dossier au vérificateur. Inutile de raconter votre vie, allez à l'essentiel.

Il est conseillé de vous faire assister par un avocat fiscaliste qui saura préciser vos droits et vous assister pour la procédure à suivre. Ayez également conscience que les droits de l'Administration fiscale sont limités. La procédure est formaliste. Les vérificateurs préfèrent souvent un interlocuteur qui parle leur jargon professionnel et saura argumenter sur la base des textes.

La logique n'est pas toujours la meilleure réponse face à un redressement fiscal. Par exemple, votre foyer n'est pas le foyer fiscal au sens du fisc et la différence peut être de taille en cas de redressement lié au domicile fiscal d'une personne vivant entre deux pays. La définition fiscale s'appuie sur le Code général des impôts, les conventions internationales, les instructions administratives et la dernière jurisprudence.

Si le vérificateur envisage de vous redresser alors que vous pensiez avoir respecté les textes, n'hésitez pas à discuter, sans pour autant vous disputer, dès qu'il vous en informe. Il s'agira peut-être seulement de récupérer un justificatif manquant auprès d'un organisme. De manière générale, il vaut mieux avoir un débat avec un vérificateur avant qu'il ne vous écrive les redressements envisagés, d'autant plus que c'est votre droit. Il est en général plus facile de le convaincre à ce stade, mais, encore une fois, en cas de problème, mieux vaut faire intervenir un avocat expérimenté en contentieux fiscal au plus tôt, et de préférence sans attendre que l'impôt soit mis en recouvrement.

Vous n'êtes pas d'accord ? Défendez-vous !

« Votre lettre de réclamation a été transmise par erreur
à notre service réclamations… »
Perle des impôts

Si vous n'êtes pas d'accord avec un impôt à payer, ou si vous vous êtes trompé, osez le recours contentieux. Il s'agit de votre droit si vous respectez les délais de prescription, variables selon les impôts et les situations. Vous pouvez aussi vous adresser au conciliateur ou au médiateur, en parallèle de votre action contentieuse.

Pour contester l'impôt indiqué sur l'avis d'imposition, il convient obligatoirement de déposer une lettre de contestation, appelée réclamation contentieuse, que vous signez et envoyez en recommandé avec accusé de réception. La réclamation est accompagnée d'une copie de l'avis d'imposition. Elle mentionne les montants contestés et les années concernées, ainsi que les motifs de votre contestation.

Ne perdez pas de temps, car le service du recouvrement peut agir très vite pour exercer des poursuites et saisir vos comptes bancaires ou vos salaires. Vous avez également un délai limite pour agir, qui peut varier selon l'impôt en cause. Par exemple, pour l'impôt sur le revenu, il expire en principe le 31 décembre de la deuxième année qui suit celle de la mise en recouvrement de l'impôt.

Vous êtes en droit de demander le sursis au paiement des sommes contestées. Bon à savoir : le sursis au paiement est automatiquement accordé si le montant contesté n'excède pas 4 500 euros. Au-delà de ce montant, le fisc réclame habituellement des garanties.

Si vous n'êtes pas un fiscaliste avisé, le recours à un avocat est indispensable si vous souhaitez mettre toutes les chances de votre côté. Celui-ci vous défendra sur la base des éléments précis de votre dossier, en utilisant des arguments de droit reposant sur les textes, la doctrine administrative, et de la dernière jurisprudence, française et européenne, applicable. Il sait aussi appliquer, voire utiliser à votre avantage, la procédure fiscale, complexe, qui doit être respectée tant par le contribuable que par le fisc.

Une nouveauté : un nouveau service est proposé sur le site www.impots.gouv.fr afin de vous permettre de déposer votre réclamation en ligne. Pour cela, allez dans votre espace personnel sécurisé et cliquez sur «Faire une réclamation». Le contenu doit être le même qu'en cas de réclamation par courrier. Si vous n'obtenez pas gain de cause rapidement, il sera nécessaire de porter le litige devant le tribunal, voire le cas échéant de faire appel, et même parfois d'aller en cassation. Cela peut être long et coûteux.

Tentez le contentieux uniquement si vous avez de bonnes chances de gagner. Dans le cas contraire, essayez de transiger sur les pénalités en vous faisant une raison sur les droits en principal, c'est-à-dire l'impôt que vous auriez de toute façon payé en appliquant les règles correctement dès le départ.

Il est possible de gagner le dégrèvement de 100 % du redressement si votre avocat détecte un vice de procédure commis lors d'un contrôle fiscal, c'est-à-dire une erreur commise par le fisc qui peut annuler le redressement. Cela arrive parfois, mais ne rêvez pas trop.

Si vous avez laissé passer les délais pour réclamer, ou si vous êtes dans une situation difficile, vous pouvez aussi tenter, sans aucune garantie de réponse positive, une demande de dégrèvement ou de remise de pénalités à titre gracieux. Rappelez-vous que ce sont des femmes et des hommes qui examinent vos dossiers, et que nombre d'entre eux/elles savent faire preuve de compréhension face à des circonstances pouvant expliquer des erreurs ou des oublis.

En principe, un redressement fiscal entraîne le paiement d'intérêts de retard. Il est toutefois possible d'y échapper dans certaines situations. Selon l'article 1727 du CGI, c'est le cas si l'insuffisance n'excède pas un certain pourcentage de la base d'imposition rehaussée, 5 % pour l'impôt sur le revenu, 10 % pour les droits d'enregistrement et l'ISF. C'est également le cas si le contribuable a utilisé le système de la mention expresse, c'est-à-dire s'il a annexé à sa déclaration une note expliquant les motifs de fait et de droit qui l'ont conduit à prendre une position fiscale. Il peut échapper au redressement lui-même s'il a fait une demande de rescrit, c'est-à-dire une demande de prise de position par l'administration fiscale. Il est vrai qu'il aura attiré l'attention du fisc, ce qui peut lui valoir une réponse négative, mais c'est le prix de la sécurité.

Pour finir, à présent que ce guide vous a mis sur la piste des économies d'impôts, rappelons dix conseils essentiels pour optimiser en toute sérénité.

1. N'oubliez pas que les impôts sont changeants. Faites évoluer vos projets selon la législation à jour et vérifiez toujours le détail des textes avec une documentation officielle.

2. N'ayez pas d'*a priori*. Ne copiez pas la solution du voisin sans avoir vérifié les conditions d'application des textes sur les économies, au vu de vos données personnelles. Le détail fait souvent la différence.

3. Pensez à respecter les formalités. Déclarez comme il faut quand il faut, afin d'assurer vos économies et vos arrières.

4. Faites simple. Utilisez d'abord les économies faciles. Pour les montages sophistiqués, ne faites pas cavalier seul. Faites appel à un « pro » qui s'engage par écrit.

5. Ayez de bonnes raisons autres que fiscales pour décider d'une opération. L'économie d'impôt doit être la cerise sur le gâteau.

6. Anticipez vos opérations afin de programmer et sécuriser vos économies.

7. Le « pas vu pas pris » est une philosophie à risques à court terme. Préférez-lui la saine gestion fiscale par des optimisations sécurisées.

8. Simulez vos options avec vos chiffres, vos éléments et vos dates, avant de choisir. C'est souvent de la comparaison entre différentes solutions possibles que naissent des optimisations faciles et sans risques.

9. Faites le lien entre le montant des économies fiscales et les incidences financières ou personnelles de vos choix, à court terme, mais aussi à long terme.

10. Achetez une grosse tirelire.

L'auteur

Avocate, Marie Lambert est titulaire d'un DESS de droit fiscal, et d'un diplôme Cadre Dirigeant de l'École Supérieure de Commerce de Paris. Membre de l'Institut des Avocats Conseils Fiscaux, elle est chargée d'enseignement de la fiscalité à l'Université des Sciences Sociales de Toulouse. Ancien responsable fiscal d'un groupe international, elle pratique la fiscalité depuis plus de vingt-cinq ans.

L'auteur a pu constater que si les entreprises sont très entourées pour gérer leur fiscalité, les particuliers se retrouvent plutôt démunis. En effet, ils ne disposent en général ni d'expert-comptable, ni d'avocat-conseil, ni de documentation fiscale, alors que les règles les concernant sont parfois aussi complexes que celles touchant les entreprises, et que la fiscalité de tous les jours peut constituer un véritable enjeu en termes d'économies, quel que soit le niveau de revenus. Une difficulté supplémentaire est actuellement la multiplication des modifications apportées par les lois de finances successives. Le contribuable ne sait plus où il en est, notamment en ce qui concerne les conséquences futures de ses décisions actuelles. La jungle fiscale se densifie. Aussi, découragé par des discours pessimistes sur les impôts, qui renforcent une appréhension des textes fiscaux, le contribuable peut-il passer à côté d'économies fiscales permises par le législateur et souvent très simples.

D'où l'idée de ce guide pratique, axé sur les possibilités d'économies d'impôts, dont certaines sont récurrentes, et rédigé avec un vocabulaire accessible qui s'éloigne volontairement du verbiage technique, indispensable sur le plan professionnel, mais si peu abordable pour les non-initiés. L'auteur vous fait profiter de son expérience et de ses avis éclairés reposant sur une longue pratique du conseil et des contentieux fiscaux. Elle vous donne toutes les clés pour prendre les bonnes décisions, dans toutes les situations de la vie, au sujet de votre famille, de vos placements, de votre résidence, et bien plus encore... Cela est toujours vrai même dans le contexte actuel. Commençons par vérifier si vous ne payez pas trop d'impôts.

Quelques précautions à prendre

La plupart des textes fiscaux accordant un avantage exigent que des conditions soient respectées, parfois sur une durée importante. C'est l'une des raisons pour lesquelles il convient de toujours se reporter au détail du texte de loi et de la doctrine administrative.

Afin d'illustrer cette précaution à prendre, sont ici rappelées quelques-unes de ces contraintes, à vérifier afin d'être certain que l'avantage accordé ne sera pas repris.

- Investissements locatifs : respectez vos engagements de location.
- Restauration immobilière Malraux : respectez vos engagements de location. Attention au démembrement des droits portant sur l'immeuble concerné.
- Déduction des intérêts d'emprunt pour votre résidence principale : maintenez l'affectation à l'habitation principale.
- Réduction d'impôt pour souscription au capital de PME : veillez à conserver vos titres et à ne pas bénéficier de remboursements d'apports.

229

Site du ministère des Finances : suivez le guide

Le signe ➡indique quand vous devez cliquer sur un mot en *italique graissé*.

Tapez www.impots.gouv.fr

➡ *Particuliers*

Sur le bandeau horizontal placé en haut, sont abordés de gauche à droite :

1. ➡ *Vos impôts*. Cliquez sur l'impôt qui vous intéresse.

➡ *Impôt sur le revenu*. Plusieurs pages se suivent de gauche à droite.

➡ *Impôt sur le revenu*. Informations.

➡ *Calculer*. C'est la partie qui permet, notamment, de faire les simulations de calcul d'impôt.

➡ Calculez votre impôt sur le revenu. Lire le document.

➡ *Simulateur d'impôt.*

➡ *Consulter votre compte.*

➡ *Payer votre impôt.*

➡ *Réductions.* Réductions possibles avec le détail des textes applicables et le formalisme à respecter.

➡ *Taxe d'habitation, taxe foncière, ISF, etc.* Tous les impôts sont abordés au même niveau et se traitent selon le même principe que l'impôt sur le revenu.

2. **➡ *Vos préoccupations***. Plusieurs sujets concernant les particuliers sont abordés, puis détaillés. Il suffit de dérouler le menu pour obtenir des réponses aux questions les plus courantes.

- ***➡ Famille***
- ***➡ Mariage***
- ***➡ Pacs***
- ***➡ Concubinage***
- ***➡ Personnes à charge, etc.***

Les autres rubriques se déclinent de la même façon, avec leurs sous-rubriques.

- ***➡ Logement***
- ***➡ Pensions alimentaires***
- ***➡ Frais professionnels, etc.***

3. **➡ *Calendrier*.** Sont présentées les échéances fiscales.

4. **➡ *Vos droits*.** Sont expliquées les règles régissant les relations entre le contribuable et l'Administration, et en particulier tous vos droits avec le formalisme à respecter.

Sont abordés sur le côté gauche :

➡ *Espace personnel*. Il sert à compléter et adresser en ligne votre déclaration au moyen de vos numéros d'identification.

➡ *Recherche*

> **➡ *Formulaires*.** Tapez le numéro de la déclaration recherchée et l'année concernée afin d'accéder aux imprimés de toutes les déclarations, par exemple 2042 pour l'impôt sur le revenu. Si vous ne connaissez pas le numéro, déroulez le menu des impôts concernés.

> **➡ *Accéder*.** Pour choisir le type d'imprimé qui vous convient : PDF, notice, imprimé saisi en ligne, etc. Vous pouvez remplir un formulaire et l'imprimer.

Glossaire

« La chose la plus difficile à comprendre au monde, c'est l'impôt sur le revenu ! »
Albert Einstein

Assiette : Montant sur lequel est assis, c'est-à-dire calculé, l'impôt.

Bénéfices agricoles (BA) : Résultats en principe dégagés dans le cadre d'une activité agricole.

Bénéfices industriels et commerciaux (BIC) : Résultats en principe dégagés par une entreprise industrielle, commerciale ou artisanale.

Bénéfices non commerciaux (BNC) : Résultats en principe dégagés dans le cadre de l'exercice d'une profession libérale.

Contribution à l'audiovisuel public : Montant payé par les utilisateurs d'un téléviseur.

Contributions sociales : Prélèvements sociaux supplémentaires sur les revenus d'activité ou du capital.

Crédit d'impôt : Montant lié à une dépense venant en déduction de l'impôt dû. L'excédent non imputé sur l'impôt est remboursable.

Déclaration de revenus : Chaque foyer fiscal doit déclarer ses revenus, même s'ils ne sont pas imposables. La déclaration doit être signée.

Délai de réclamation : Délai, délimité par la loi et différent selon le type d'impôt, dans lequel vous pouvez contester l'impôt à titre contentieux.

Demi-part : Avantage lié aux membres du foyer fiscal qui permet de payer moins d'impôt.

Fisc : Mot bref utilisé dans ce guide pour désigner de façon courante l'Administration fiscale.

Foyer fiscal : Vous et votre conjoint mariés ou pacsés, et les personnes que vous prenez à charge fiscalement, dont les revenus sont additionnés pour déterminer le revenu imposable. On compte une déclaration de revenus par foyer fiscal.

Mention expresse : Mention portée sur votre déclaration qui explique les raisons de votre position sur un texte fiscal sujet à interprétation. Cela attire l'attention, mais peut éviter des intérêts de retard.

Moins-value : Différence négative entre le prix de vente et le prix d'achat éventuellement augmenté de certaines dépenses. C'est une perte.

Progressivité de l'impôt : Application d'un taux de plus en plus élevé aux tranches de votre revenu.

Quotient familial : Système qui consiste à diviser le revenu par le nombre de parts du foyer et à calculer l'impôt sur ce revenu divisé pour ensuite le multiplier à nouveau par le nombre de parts. Comme le revenu est divisé pour le calcul, les tranches d'imposition prises en compte pour l'application du barème progressif sont moins élevées. L'impôt baisse avec un quotient familial élevé, c'est-à-dire avec beaucoup de personnes à charge.

Plus-value : Différence positive entre le prix de vente et le prix d'achat éventuellement augmenté de certaines dépenses. C'est un gain.

Prescription : Délai limité dans le temps, pendant lequel l'Administration peut agir pour vous redresser, ou pendant lequel vous pouvez agir pour contester.

Réclamation à titre contentieux : Contestation de votre impôt basée sur des motifs légaux à déposer dans des délais délimités.

Réclamation à titre gracieux : Contestation de votre impôt déposée hors délais ou pour des motifs méritant la bienveillance de l'Administration fiscale.

Réduction d'impôt : Avantage fiscal lié à certaines dépenses et qui réduit l'impôt à payer.

Rescrit fiscal : Prise de position écrite qui engage le fisc, suite à une question précise que vous lui avez posée.

Revenu fiscal de référence : Revenu calculé par l'Administration et mentionné sur l'avis d'imposition. Il sert de base pour accorder certains avantages fiscaux.

Taux marginal : Taux d'imposition de l'impôt sur le revenu appliqué à la tranche d'imposition la plus élevée.

Demande de rattachement au foyer fiscal des parents

À adresser avec la déclaration d'impôt du foyer de rattachement.

> Je soussigné, Nom, Prénom, date de naissance, adresse, demande le rattachement au foyer fiscal de mes parents, Monsieur et Madame X [si les parents sont mariés, sinon] au foyer fiscal de mon père ou ma mère, Monsieur ou Madame X, adresse, pour l'imposition de mes revenus de l'année 201x.
>
> Le
>
> À
>
> Signature

Réclamation contentieuse

À adresser en recommandé avec accusé de réception au centre des Impôts ou à l'adresse indiquée sur l'avis d'imposition. Le cas échéant, adresser une copie au trésorier afin qu'il comprenne pourquoi vous ne payez pas l'impôt contesté, et qu'il puisse vous demander de constituer une garantie.

Je, soussigné, Nom, Prénom, demeurant à adresse, fais suite à l'avis d'imposition N° du, reçu le, d'un montant de xxx euros.

Je vous informe par la présente que je conteste l'impôt recouvré pour les raisons suivantes : [détaillez les raisons, en vous référant aux textes applicables. Si vous répondez à une proposition de rectification, motivez votre réponse aux arguments du fisc sur la base des textes, de la doctrine administrative si elle vous est favorable, et de la jurisprudence.]

Conformément aux dispositions de l'article L. 277 du Livre des procédures fiscales, je demande à surseoir au paiement des sommes contestées.

Avec mes remerciements, je vous prie de...

À

Le

Nom et prénom

Signature

Pièces jointes : avis d'imposition et toutes les pièces justificatives utiles.

Index

239